O Computador no Ensino
e a
Limitação da Consciência

Dados Internacionais de Catalogação na Fonte (CIP)
(Câmara Brasileira do Livro, SP, Brasil)

Crochik, José Leon
　　O computador no ensino e a limitação da
consciência / José Leon Crochik. – São Paulo : Casa do
Psicólogo, 1998.

　　Bibliografia.
　　ISBN 85-85141-

　　1. Ensino assistido por computador – Aspectos
psicológicos 2. Tecnologia educacional – Aspectos
psicológicos I. Título.

98-4475　　　　　　　　　　　　　　　　　　　CDD-371.334019

Índices para catálogo sistemático:

1. Computadores no ensino e limitação de
　　consciência　　　371.334019

Editor: Anna Elisa de Villemor Amaral Güntert

Preparação de originais: Ruth Kluska Rosa

Capa: Yvoty Macambira

Editoração: Tarlei E. de Oliveira

José Leon Crochik

O Computador
no
Ensino
e a
Limitação da
Consciência

Casa do Psicólogo®

© 1998 Casa do Psicólogo Livraria e Editora Ltda.

Reservados todos os direitos de publicação em língua
portuguesa à Casa do Psicólogo Livraria e Editora Ltda.
Rua Alves Guimarães, 436 – Cep 05410-000 – São Paulo – SP
Fone: (011) 852-4633   Fax: (011) 3064-5392
E-mail: Casapsi@uol.com.br
http//www.casapsicologo.com.br

É proibida a reprodução total ou parcial desta publicação, para
qualquer finalidade, sem autorização prévia por escrito dos
editores.

Impresso no Brasil / *Printed in Brazil*

Para Samuel e Raquel Crochik

SUMÁRIO

PREFÁCIO 9

APRESENTAÇÃO 15

INTRODUÇÃO 17

CAPÍTULO 1 – PENSAMENTO E REALIDADE 21

CAPÍTULO 2 – A IDEOLOGIA DA RACIONALIDADE TECNOLÓGICA 39

CAPÍTULO 3 – A ESCOLA E A PRODUÇÃO DAS ESTRUTURAS
DA CONSCIÊNCIA 69

CAPÍTULO 4 – A TECNOLOGIA EDUCACIONAL E A TRANSFORMAÇÃO
DO SABER EM INFORMAÇÃO 101

CAPÍTULO 5 – O COMPUTADOR NO ENSINO E O AJUSTAMENTO
DO PENSAMENTO 127

CONSIDERAÇÕES FINAIS 181

REFERÊNCIAS BIBLIOGRÁFICAS 189

PREFÁCIO

Quase ninguém mais duvida da força retumbante que é exercida pela tecnologia sobre as distintas dimensões da vida social. Se a economia fundada na grande indústria, como Marx pôde analisar no século XIX, não inventou a tecnologia, dela se apropriou, impulsionou-a em graus jamais registrados na história do homem e converteu-a no *modus operandi* da produção de mercadorias. As transformações sociais proporcionadas pela tecnologia são tão variadas e realizadas com velocidades cada vez mais crescentes que fazem parecer pueril e antiquado, hoje, o lema leninista da "eletrificação a qualquer custo", proclamado na segunda década deste século.

Assim, se as conseqüências gerais da tecnologia sobre a economia e a sociedade foram analisadas por Marx (GRUNDRISSE e *O Capital*), que identificava, a par do aumento da exploração do trabalhador, a subversão da própria base da produção capitalista assentada na força de trabalho, não lhe era visível muitas conseqüências específicas da aplicação generalizada e desenfreada da tecnologia, até nos lugares mais recônditos.

O que Marx não pôde visualizar decorre, sem dúvida, dos limites históricos sobre os quais incidem sua análise, pois as transformações que investigou cingiram-se à incorporação da tecnologia na esfera de produção, que se mantinha à época distinguível das outras esferas da vida social.

Por isso, não poderia ele enxergar que os processos desenvolvidos na indústria seriam expandidos em larga escala às esferas sociais e privadas da vida. Nos dias atuais não é difícil identificar, e é legítimo concluir, que a uniformização tecnológica atingiu tal ponto de

10 O COMPUTADOR NO ENSINO

sofisticação que muitas máquinas condutoras da produção industrial nas fábricas e dos serviços nos escritórios ou bancos não têm, literalmente, nenhuma diferença das máquinas que dirigem as condutas das pessoas em seus lares ou de professores e alunos nas escolas; basta aqui mencionar o microcomputador.

Pois bem, a transferência generalizada da tecnologia industrial – sua lógica e seus instrumentos – para todas as esferas sociais e subjetivas faz parte do processo de um verdadeiro "deslocamento geológico de infra-estrutura para a superestrutura social", devidamente analisado por Max Horkheimer e Theodor Adorno, por eles denominado de indústria cultural, que "penetra no mais íntimo dos problemas da consciência e da criação espiritual, ainda os mais sutis e intrínsecos", como bem repõe, de saída, o professor Crochík. Tecnologia que não pode ser, de acordo com Herbert Marcuse, em *One-Dimensional Man* (1964), dissociada do sistema que a constitui, visto que "...não funciona como a soma total de meros instrumentos que possam ser isolados de seus efeitos sociais e políticos, mas, antes, como um sistema que determina, *a priori*, tanto o produto do aparato como as operações de sua manutenção e ampliação". Sob essa condição, a "tecnologia serve para instituir formas novas, mais eficazes e mais agradáveis de controle social e coesão social". Alcança esses resultados, reduzindo a Razão à sua imagem e semelhança: a racionalidade tecnológica; obliterando a oposição entre a vida pública e vida privada; diluindo as diferenças entre as necessidades sociais e as necessidades individuais; convertendo o pensamento bidimensional – que conseguia opor-se à realidade imediata pela preservação da tensão crítica entre o que 'é' e o 'dever', aparência e essência, verdade e inverdade – em pensamento unidimensional, restringido ao operacionalismo da realidade existente e, portanto, emasculado de seu poder crítico. Como revela-nos o professor José Leon, racionalidade que reduz, no âmbito da educação, o saber à informação, na medida em que é metamorfoseado em tecnologia educacional.

Dessas críticas, decorre que a tecnologia deva ser rejeitada? Ou, aqueles que criticam a sua aplicação generalizada não passam de passadistas, conservadores que querem opor-se ao progresso inevitável e desejável?

É possível identificar ainda setores sociais que, de fato, rejeitam a tecnologia e vêem nela a personificação do mal. Mas, tal rejeição não é mais desprovida de crítica do que a aceitação, atualmente,

PREFÁCIO   11

generalizada e incondicional, dos produtos tecnológicos como representantes do bem e do progresso. Ressalte-se que as tendências de aceitação incondicional e de rejeição pura e simples são desprovidas da crítica porque dissociam o uso da tecnologia da lógica presente já em sua produção. Essa é uma questão central para a teoria crítica da sociedade e para as análises incisivas elaboradas pelo professor José Leon, como se depreende, por exemplo, na seguinte passagem: "...o desenvolvimento tecnológico é importante para o progresso social; a tecnologia é ideológica no seu processo de elaboração e serve como um instrumento para a dominação social; a tecnologia é ideológica ao se colocar no lugar de decisões sobre a condução da prática e não permitir o desenvolvimento de uma interação comunicativa livre; a tecnologia torna-se ideológica ao converter-se em metafísica, perdendo os seus referenciais no cotidiano".

Se a consciência, atingida em seu âmago, é destituída de seu potencial crítico e sobrevive como consciência tecnocrática, posto que a única totalidade que lhe é acessível e sobre a qual pode operar é aquela oferecida pela tecnologia (com seus fins, suas regras, sua linguagem de sinais), contraditoriamente, é decisivo concluir que "...a superação dessa consciência tecnocrática não se dá pela eliminação da técnica, mas na sua inserção num projeto que vise a uma outra totalidade possível. Ela – a técnica – deve ser cada vez mais desenvolvida para substituir o homem no trabalho desagradável, deve contribuir para que o homem seja retirado do mundo de trabalho alienado, deve ser utilizada para o conforto humano".

Nesses termos, fica dirimida qualquer dúvida, que ainda pudesse persistir, encetada pela crítica preguiçosa contra a Teoria Crítica da sociedade por sua suposta aversão ao desenvolvimento tecnológico. Esse esclarecimento é imprescindível para a luta ideológica de nosso tempo.

Resta, então, especificar o lugar que a tecnologia deve ocupar na vida dos homens e seu papel para a libertação ou para a dominação do homem. O objeto que o professor José Leon investiga não poderia ser mais adequado: os jogos de computador no ensino, porque enfeixa duas esferas importantes; a Educação e a Informática.

A apresentação dos complicados nexos estabelecidos entre esferas aparentemente tão distantes é precedida de uma exposição rigorosa acerca da: conversão do pensamento bidimensional em pensamento unidimensional; redução do saber em informação, proporcionada pela tendência técnico-científica da tecnologia

O COMPUTADOR NO ENSINO

educacional, que deposita nos meios técnicos a resolução dos problemas educacionais, e mesmo pela tendência histórico-social, que admite ser possível a utilização da tecnologia educacional de forma crítica; incorporação, sem críticas ou sem a exigível problematização, das tecnologias no ensino pelas teorias educacionais contemporâneas, incluindo a denominada teoria crítica da educação.

Quanto ao uso do computador no ensino com fins didáticos, ponto culminante da investigação, a análise incide sobre os planos: a) político-pedagógico, no qual as propostas daquele uso são relacionadas às duas tendências da tecnologia educacional; b) teórico-ideológico, plano em que é evidenciada a presença da racionalidade tecnológica nas teorias psicopedagógicas que sustentam aquele uso; c) pedagógico, no qual são discutidas as conseqüências da interposição do computador na relação professor-aluno; d) didático, que leva à análise da lógica intrínseca do computador, da qual não se pode dissociar o hardware do software, nem os seus efeitos sobre a aprendizagem.

Em consonância com a análise apresentada, o autor considera que a par da possibilidade de o computador "...trazer contribuições benéficas, como o seu uso na administração ou com o próprio ensino da programação de computador como uma disciplina" há de se criticar o seu uso naquelas atividades que seriam inerentes ao sujeito (aquisição dos diversos conteúdos disciplinares e aquisição das próprias estruturas do pensamento).

Sem desrespeitar a cautela com que o autor circunscreve as conclusões proporcionadas pelo estudo, é inevitável para o leitor formular questões daí decorrentes. Apenas duas delas são aqui mencionadas, a título de provocação.

Assim, vale indagar se os efeitos negativos da interposição do computador na relação entre aluno e professor não poderiam fundamentar uma hipótese orientadora de pesquisas voltadas para a "formação à distância" do próprio professor, tão enfatizada atualmente; embora a questão não tenha sido alvo da preocupação do autor, ela permanece, desde Marx, como questão fundamental: quem educa o educador? Problema que, por certo, implica em discutir os meios e os conteúdos da formação do educador.

Do mesmo modo, vale indagar: se o computador não deveria ocupar o lugar do aluno nas aquisições que lhe são próprias (questão respondida pelo estudo), restaria àquele alguma função auxiliar, em cada disciplina escolar, para os alunos que tenham evidenciado as

PREFÁCIO 13

aquisições que lhes são intransferíveis? (questão que demanda novas elaborações)

Para finalizar, é irresistível recuperar uma imagem parabólica diversas vezes utilizada pelos críticos da Teoria Crítica da Sociedade: para realizar as transformações sociais, que promovam efetivamente a liberdade, a igualdade e a fraternidade, os frankfurtianos parecem exigir que os homens elevem-se do solo puxando para cima os próprios cabelos, alusão ao personagem das Aventuras do Barão de Münchhausen.

O estudo ora apresentado pelo professor Crochík é um esforço no sentido contrário: a solução não está em o homem elevar-se aos ares puxando os próprios cabelos ou de qualquer outro modo; trata-se de elevar as decisões que o homem venha a adotar para eliminar o sofrimento do indivíduo diante da sociedade, em virtude da análise racional, tomadas com os pés no chão.

Se a esperança está com os desesperançados, como os frankfurtianos repetiram, desde Walter Benjamin, não é menos verdade, como procura evidenciar o professor Crochík, que a esperança decorre da afirmação racional daquilo que está sendo negado aos homens.

Odair Sass

APRESENTAÇÃO

Este texto derivou-se de minha Tese de Doutorado, denominada "O 'ajustamento' do pensamento em uma sociedade de alto desenvolvimento tecnológico: o computador no ensino", defendida em 15 de outubro de 1990, no Instituto de Psicologia da USP. Participaram da banca examinadora os Professores Doutores José Fernando B. Lomônaco, o orientador, Lino de Macedo, Maria Helena Souza Patto, Olgária C. F. de Matos e Fernando José de Almeida. Várias de suas sugestões foram incorporadas neste livro. Esse é um motivo, entre outros, para agradecê-los.

O fato de terem decorridos oito anos a partir da defesa não torna o presente trabalho menos atual. As "novas" propostas de uso do computador na educação não contrariam a reflexão feita sobre as propostas existentes até então, antes a reforçam. Certamente, novos trabalhos sobre a teoria crítica lançados, no Brasil e no mundo, permitiriam que fossem utilizados mais elementos nas críticas explicitadas no livro, mas não alterariam a sua direção. Assim, as modificações feitas no texto original limitaram-se à sua conversão em forma de livro. Com isso, parte das reflexões anteriormente apresentadas foram retiradas, sem modificar, contudo, a sua estrutura e os argumentos centrais defendidos.

Por fim, devo registrar o meu agradecimento ao CNPq, que auxiliou minha dedicação a este trabalho.

JOSÉ LEON CROCHIK
12/09/1998

INTRODUÇÃO

A presença do computador no ensino com finalidades didáticas e pedagógicas aponta para o processo da crescente racionalização social. Este processo foi descrito por Adorno e Horkheimer (1978) como um "deslocamento geológico" da infra-estrutura para a superestrutura social.[1] As diversas esferas sociais passam a ser mediadas pelas mesmas categorias que regem a produção material, tais como a uniformidade e a fragmentação, que visam ao máximo de eficiência com um mínimo de dispêndio.

Se esta racionalização é desejável na produção e na administração dos bens necessários para a autoconservação da humanidade, ela suscita questões importantes quando se apresenta nas esferas que são, ou deveriam ser, o espaço da subjetivização da cultura e, portanto, da individuação, tal como é o caso da educação. A escola, por exemplo, que mantinha uma certa autonomia em relação à produção material e por isso podia pensá-la e negá-la como sendo a principal esfera da vida, à medida que adquire a função de produzir e reproduzir a mão-de-obra, diminuindo o seu interesse pela formação individual, colabora com a eliminação da possibilidade de formar alunos que possam refletir sobre as condições atuais de vida.

Claro que a função de formar mão-de-obra aproxima o conteúdo, a didática e os objetivos da escola dos processos de produção e, assim,

---

1. Nas palavras dos autores: "*O deslocamento geológico, que ocorre literalmente entre as camadas da infra-estrutura e da superestrutura, penetra no mais íntimo dos problemas da consciência e da criação espiritual, ainda os mais sutis e intrínsecos*" (p. 199-200).

a racionalização na educação não é iniciada pela presença da tecnologia educacional, mas é fortalecida por ela. O fato de o computador, um dos produtos da tecnologia propostos para aperfeiçoar a educação, ter como origem a área da produção material[2] já indica a proximidade das duas esferas. A inovação que ele pode trazer à educação é o aperfeiçoamento daquilo que já existe. Assim, o computador que representa o processo de racionalização social, que caracteriza a sociedade de alto desenvolvimento tecnológico, fortalece o princípio desta: o progresso dentro da ordem. Neste sentido, além de refletir-se sobre os efeitos do computador no ensino, deve-se mostrar que a sua presença assinala a racionalização já existente nesta esfera e que esta é a base para a assimilação daquele instrumento.

Dois elementos presentes na racionalização social são o Positivismo e a ideologia da racionalidade tecnológica. O Positivismo, desenvolvido a partir de Comte, colabora com o avanço das forças produtivas ao delinear um método científico que por se tornar independente de qualquer objeto acentua a separação sujeito-objeto até cindi-la e, assim, enquanto o método toma o lugar do sujeito, este que na filosofia era assumido pela consciência, razão ou espírito, torna-se objeto, que deve ser estudado da mesma forma que os outros. A realidade social é naturalizada e, através do método, pode ser controlada e servir ao progresso social. Se o método científico é fundamental para o controle da natureza e, assim, para a liberdade frente ao mito, quando ele transforma os fenômenos sociais e individuais em natureza a ser entendida para ser previsível, atesta a validade da racionalidade dos processos de produção, pois, à indiferenciação lógica dos objetos submetidos ao método científico, não deixa de corresponder a indiferenciação dos objetos na produção material.

Já a conversão da tecnologia em ideologia aponta diretamente para a transformação da consciência social em consciência técnica, colaborando com o incremento do processo de racionalização social. Assim como a ciência, a técnica é fundamental para a adaptação humana, mas quando se coloca no lugar de questões políticas, ou então, quando se propõe como a base da discussão destas questões, torna-se ideológica.

---

2. Cf. Brenon, apud Dib, C. Z. *Tecnologia da Educação e sua aplicação à aprendizagem de Física*. São Paulo: Pioneira, 1974, e Green Jr., B. F. *Digital Computers in Research: An Introduction for Behavioral and Social Scientists*. Nova York: McGraw-Hill Book Company, 1963. Cabe acrescentar que o computador foi desenvolvido e aplicado inicialmente, também, nas universidades.

INTRODUÇÃO   19

Como a ciência e a técnica são instrumentos do processo de racionalização da esfera de produção material, a presença daquelas na escola contribuem com a eliminação das fronteiras entre as duas esferas sociais, posto que não são introduzidas para ser refletidas, o que colaboraria com uma consciência crítica, mas para ser aprendidas no sentido utilitário. Desta forma, a função básica da escola passa a ser a adaptação à realidade concebida por uma visão científica e tecnológica. A Pedagogia Tecnicista e a Economia da Educação são os esteios teóricos diretamente relacionados a essa tendência na educação, embora outras tendências também colaborem com ela ao não problematizá-la.

As origens da Tecnologia Educacional situadas no Behaviorismo, na Teoria de Sistemas e na Teoria da Informação[3] enunciam em si mesmas as relações destas teorias com os processos de produção, e, assim, não poderiam deixar de apontar para o mesmo sentido: uma visão da realidade calcada nas categorias da ciência e da técnica.

Assim, para entendermos o processo de racionalização pelo qual passa a educação contemporânea, é necessário um olhar que capte domínios específicos e as suas relações com a totalidade, e é esse o método utilizado neste trabalho. Neste sentido, o primeiro capítulo deste livro desenvolve o confronto entre dois tipos de pensamento que captam a realidade de formas distintas: a Teoria Crítica e o Positivismo. Este confronto é visualizado a partir da Teoria Crítica, ou melhor, de alguns pensadores que contribuíram para a sua constituição, tais como Adorno, Horkheimer, Marcuse e Habermas. Essa teoria é o lastro teórico das reflexões deste trabalho, e a explicitação de suas indagações filosóficas sobre o método científico já contém as sementes das críticas à tecnologia, lançando luz nos capítulos seguintes sobre a "purificação" da realidade que aquele comporta, e que está presente nas propostas de utilização da tecnologia educacional.

O segundo capítulo trata da sociedade tecnológica e nele analisamos a mediação social presente na tecnologia, tanto na esfera do trabalho, quanto na esfera da subjetividade e a sua constituição como ideologia. O seu objetivo é apontar para alguns determinantes da consciência tecnocrática, que nos leva a perceber a realidade tanto como esfera a qual devemos nos conformar, quanto algo que devemos

---

3. Conforme será enfatizado no capítulo 4.

aperfeiçoar tecnicamente, sendo que neste mesmo aperfeiçoamento já está presente o conformismo.

No terceiro capítulo, apresentamos algumas visões teóricas sobre o papel da escola na sociedade e as relações que têm com a ideologia da racionalidade tecnológica, enquanto o quarto capítulo envolve a conceituação dada à tecnologia educacional e como ela se coloca frente à conservação ou à alteração social.

Por fim, o quinto capítulo examina as propostas que defendem a introdução do computador no ensino, exibindo os argumentos que as sustentam e algumas possíveis implicações deste uso, e discute estas propostas tendo em vista o que foi desenvolvido nos capítulos anteriores.

Se a realidade foi fragmentada em diversos campos do saber e de atuação profissional e empresarial, através dos universais estabelecidos – o pensamento e o capital –, deve-se procurar aquilo que foi perdido neste processo – a autonomia do sujeito e a liberdade frente à administração exercida sobre nós. Apontar para alguns dos obstáculos que impedem a recuperação destes elementos é o compromisso deste livro.

CAPÍTULO 1

PENSAMENTO E REALIDADE

É porque mesmo as mais longínquas objetivações do pensamento se nutrem dos impulsos, que o pensamento destrói nestes a condição de sua própria existência. (ADORNO)

Um dos propósitos deste capítulo é o de delimitar a concepção de teoria que guiará as reflexões deste trabalho. A delimitação a ser feita diz respeito a conceitos teóricos e às suas relações com a prática. O enquadramento teórico, como veremos, relaciona-se a um compromisso social e, portanto, político; mais do que uma das diversas possibilidades de se abordar o tema do estudo, se contrapõe a elas, exigindo definições que lhes são antagônicas.

Neste caminho, a voz do sujeito e a do objeto são revividas ao se apontar as suas amarras. É um caminho que aponta para a liberdade. E, para que a liberdade possa ser visualizada, os seus baluartes – o pensamento, o sentimento, a fantasia, a utopia – devem ser recolocados. A fantasia e a utopia devem apontar com os seus conteúdos, que são considerados inúteis, para a verdade escondida naquilo que as nega: a realidade reificada.

Dentro desta perspectiva, o principal conceito a ser readmitido é o do próprio conceito. Na concepção hegeliana, segundo Marcuse,[1] o conceito, apesar de ser atributo exclusivo do pensamento, deve tributo, também, à realidade. Cada coisa é apreendida conceitualmente na tensão entre a essência do ser e o seu devir:

---

1. Optamos por expor a interpretação que Marcuse faz da obra de Hegel e não pela exposição dos próprios textos hegelianos, pois o que nos interessa, mais diretamente, neste trabalho é o referencial teórico frankfurtiano. Ao proceder desta forma, esperamos ter sido mais fiéis às concepções deste referencial.

O COMPUTADOR NO ENSINO

Ele compreende a natureza ou essência do objeto em questão, representando, pois, a apreensão verdadeira deste objeto pelo pensamento. Ao mesmo tempo o conceito se refere à realização efetiva daquela natureza ou essência, à sua existência concreta (MARCUSE, 1988, p. 36).

Assim, o conceito afirma e nega a realidade simultaneamente. Afirma a existência do objeto, do visível, mas como um momento de seu vir-a-ser. Para Hegel, somente através do conceito, a realidade pode ser conhecida. Mas, como dito, esta realidade é inseparável de seu conceito. Isto não significa que realidade e pensamento sejam identificados; ao contrário, cada qual nega o outro: a realidade nega o pensamento ao mostrar-se em suas diversas formas e a obrigá-lo a modificar os seus conceitos, e o pensamento nega a realidade ao mostrar a tensão existente entre o ser finito e o devir.

O encontro da essência e da existência, para Hegel, se dá pelo trabalho da razão. A história é a realização da razão humana:

A identidade da essência e da existência, per contra, só pode ser criada pelo esforço contínuo da razão. Tal identidade chega a termo pela ação consciente do conhecimento; para tanto é condição básica o abandono do senso comum e da mera compreensão em favor do 'pensamento especulativo'. Hegel insiste em que só esta espécie de pensamento pode superar os mecanismos deformados da situação dominante (MARCUSE, 1988, p. 55).

A especulação, ao contrário da concepção corrente em nossos dias, que indica um não comprometimento com a realidade factível, é justamente a correção do trabalho feita pelo entendimento:

Ele (o conceito de especulação) não é mais interpretado como em Hegel, no sentido de auto-reflexão crítica do entendimento, sua limitação e sua correção, mas inadvertidamente de acordo com o modelo popular, que sobre especulativo imagina aquele que pensa futilmente sem compromisso, justa-

PENSAMENTO E REALIDADE 23

> *mente sem autocrítica lógica e sem confrontação com as coisas* (ADORNO, 1983, p. 211-2).

A verdade do real só é possível quando este é racional. Neste sentido, o real é racional e o racional é real, mas somente quando o movimento do real é compreendido como autoconhecimento. Assim, uma planta tem o seu desenvolvimento autodeterminado, com cada fase sendo a negação determinada das outras, enquanto o homem como ser social, além de ter o seu desenvolvimento autodeterminado tem (deve ter) consciência deste processo. O conhecimento deste processo se dá pela reflexão do Espírito Objetivo sobre a sua história. A negação determinada do momento histórico aponta para o conceito de totalidade histórica. Neste sentido, cada momento histórico encontra a sua verdade na totalidade histórica, no absoluto. No pensamento de Hegel, a liberdade do particular só pode se dar na totalidade, pois só essa exprime a sua verdade.

Mas, a verdade do particular é encontrada na totalidade de relações existentes em um dado momento histórico, no qual cada coisa encontra a sua definição por qualidades de outras coisas que ela não tem:

> *Qualquer coisa tem que ser entendida por suas relações a outras coisas, de modo que tais relações é que constituem o autêntico ser daquela coisa* (MARCUSE, 1988, p. 74).

À medida que cada coisa se altera, suas relações com as outras se modificam; é a totalidade que se movimenta. E como é a razão que apreende o conceito delas, o seu movimento, ela é histórica. Mas, para Hegel, ela não é a simples compreensão da realidade; conforme vai desvendando-a deve adequá-la ao seu vir-a-ser; neste sentido, ela é subversiva:

> *Na medida em que haja qualquer hiato entre o real e o potencial, o primeiro deve ser trabalhado e modificado até se ajustar à razão. Enquanto a realidade não estiver modelada pela razão, não será ainda, no sentido forte da palavra, realidade* (MARCUSE, 1988, p. 24).

Como dito antes, para Hegel, a compreensão das potencialidades humanas se dá por estágios de desenvolvimento do espírito, que representam momentos dele que já apontam para a sua superação. A contradição é inerente a esse movimento: contradição entre o ideal e o real, entre o ser finito e o devir, entre a aparência e a essência. Cada estágio do desenvolvimento do Espírito humano deve ser entendido como totalidade, que é expressada pelas formas de pensar e de viver dominantes, e cada particular tem a sua verdade no todo; a razão expressada no particular é a da totalidade.

A relação entre o particular e a totalidade é estabelecida por um pensamento que tem como base a dialética, que não nega o fato, mas considera-o em conjunto com o todo, pois só este é verdadeiro. Assim, Hegel se opõe ao entendimento quando este concebe as entidades como finitas e não relacionadas.

O conceito, na lógica hegeliana, traduzido pela dialética em seu movimento simultâneo de negação e afirmação do real é crítico no sentido de se perguntar pelo direito da existência do fato tal como ele se apresenta, ou seja, por indicar outras formas possíveis de existência deste fato. Ao mesmo tempo, ele se compromete com a subversão do real compreendido para que ele encontre sua racionalidade verdadeira.

Esta bidimensionalidade do pensamento, que o torna crítico, já era encontrada em Platão, como nos descreve Marcuse (1982). Na origem, mostra-nos esse autor, a lógica, que é o fundamento de todo pensamento, era ligada à ética; sua função era a de valorizar o ser em detrimento do não-ser, entendendo este último não como o nada, mas como uma ameaça ao ser:

> ...a Verdade é um valor, porquanto Ser é melhor do que Não-Ser. Este último não é simplesmente o Nada: é uma potencialidade e uma ameaça de Ser destruição (p. 126).

Em Platão, também, a questão da verdade transcende a realidade imediata e torna-se ela própria negativa ao procurar a essência por trás da e pela aparência. O fato é afirmado como uma verdade provisória, que deve ser abstraído para se saber sobre a sua constituição, sobre a sua verdade essencial. A realidade implica um deve ser a cada particular que o afirma e o nega simultaneamente: o fato não é negado em seu direito de existência em nome da razão, mas em função de sua própria existência como aparência.

Para o pensamento crítico, a contradição da realidade entre o ser e o devir deve ser expressa no pensamento. Mas essa contradição passa a ser dominada no pensamento na lógica de proposições de Aristóteles, que, na união entre um sujeito e um predicado através do termo "é", oculta o "deve ser"; neste sentido, o pensamento passa a tornar-se unidimensional, só afirmando ou negando o fato alternadamente e não mais simultaneamente.

A lógica apofântica, oriunda de Aristóteles, mesmo sendo diversa dos tipos de lógica que surgiriam depois, já contém as suas características básicas, entre as quais a anulação do conteúdo em função das estruturas de relação entre sujeito e predicado. O fato, ou o particular, a ser julgado pela razão, perde a sua racionalidade ao ser destacado da realidade que lhe dá sentido e, assim, torna-se estranho a si mesmo, torna-se irracional, pois perde a tensão entre o ser e o devir. E o pensamento, por afirmar o sujeito pelo predicado, passa a coincidir com a realidade imediata, tomando-a como universal. Nesta lógica, pensamento e realidade começam a não mais se opor, mas a convergir.

A lógica apofântica unidimensionaliza o pensamento e a realidade: só afirma o aparente. Esta unidimensionalização, segundo Marcuse (1982), já segue o arcabouço da dominação social:

> Sob o domínio da lógica formal, a noção do conflito entre essência e aparência é dispensável, se não mesmo sem sentido; o conteúdo material é neutralizado; o princípio da identidade é separado do princípio da contradição (as contradições são culpa do pensamento incorreto); as causas finais são removidas da ordem lógica. Bem definidos em seu alcance e função, os conceitos se tornam instrumentos de predição e controle. A lógica formal é, assim, o primeiro passo na longa viagem para o pensamento científico – apenas o primeiro passo, porque ainda é necessário um grau muito mais elevado de abstração e matematização para ajustar o modo de pensar à racionalidade tecnológica (p. 137).

Marcuse relativiza a dialética platônica, ao mostrar que ela não percebe sua relação com o regime escravocrata existente, ao mesmo tempo que tenta recuperar a metafísica aristotélica de sua lógica apofântica. O que esse autor nos mostra é a oposição entre estas duas formas de pensar: a dialética na sua relação com a ética e com o

26 O COMPUTADOR NO ENSINO

compromisso de subverter a realidade estabelecida para uma realidade onde o devir possa acontecer (esse compromisso é mais claro em Hegel e, principalmente, em Marx) e a lógica formal que separa forma e conteúdo, ética e conhecimento, postulando para si o universal. Por essa última, a realidade deve converter-se em categorias lógicas para ser entendida; as dimensões do real que não podem ser diretamente reduzidas a elas ou são excluídas da forma oficial de conhecer – atualmente a ciência – e passam a ser tratadas na arte, ou têm o seu ingresso na ciência através de sucessivas reduções.

O terreno da lógica e do pensamento é o da política, e, grosso modo, a lógica formal atua a favor da realidade estabelecida, enquanto a dialética, a favor de sua transformação, de acordo com a sua verdade. Mas, ambas, na Grécia Clássica, por não se perceberem como frutos da realidade constituída, agiam a favor dela. O Estado modelo, construído por Platão, reproduz a desigualdade social e se resguarda no idealismo, longe da realidade de opressão. A lógica formal, pelas suas próprias características, origina-se de uma realidade de desigualdades, para propor a regra da identidade e negar a contradição.

A anulação do conteúdo e do valor na lógica formal iguala os fenômenos da natureza aos fenômenos humanos, de modo que o controle da natureza supõe o controle do homem. Adorno e Horkheimer (1985) indicam essa ocorrência através da análise da *Odisséia* de Homero, na qual, ao relatar os primórdios da razão (Esclarecimento), mostram que Ulisses, ao enfrentar os perigos da natureza no seu regresso a Ítaca, tem que estabelecer um controle sobre a sua própria natureza:

O espírito subjetivo que exclui a alma da natureza
só domina essa natureza privada da alma imitando
sua rigidez e excluindo-se a si mesmo como ani-
mista (p. 62).

A palavra é o instrumento básico para o controle da natureza:

Ulisses descobre nas palavras o que na sociedade
burguesa plenamente desenvolvida se chama for-
malismo: o preço de sua validade permanente é o
fato de que elas se distanciam do conteúdo que as
preenche em cada caso, e que, a distância, se refe-
rem a todo conteúdo possível, tanto a ninguém

PENSAMENTO E REALIDADE 27

quanto ao próprio Ulisses. É do formalismo dos nomes e estatutos míticos, que querem reger com a mesma indiferença da natureza os homens e a história, que surge o nominalismo, o protótipo do pensamento burguês (p. 65).[2]

Este protótipo do pensamento burguês, que inicialmente separa a palavra da coisa nomeada para superar o mito, torna-se na atualidade a clareza e a precisão dos conceitos operacionais. Se na magia o símbolo resguardava a imagem da coisa e ela própria, a astúcia dá independência ao símbolo, que não deve se identificar ao fato, mas dominá-lo. O símbolo que evocava a natureza agora a controla:

Enquanto signo, a linguagem deve resignar-se ao cálculo; para conhecer a natureza, deve renunciar à pretensão de ser semelhante a ela. Enquanto imagem deve resignar-se à cópia; para ser totalmente natureza, deve renunciar à pretensão de conhecêla" (ADORNO e HORKHEIMER, 1985, p. 31).

Como podemos notar, para Adorno e Horkheimer (1985), o conhecimento exige o afastamento do homem da natureza. O mito já separa a aparência da essência; com a palavra evocando os deuses e os demônios da natureza, a divisão sujeito-objeto já se efetua. Ao evocar a árvore como sede do deus Mana, nos dizem esses autores, a árvore já é idêntica e diferente de si mesma; essa separação já é diferenciação do homem da natureza, explica a sua gênese e a fixa através da repetição dos rituais. É o medo do destino (natureza) que aparece no mito e que se expressa tanto nele quanto no Esclarecimento, o seu herdeiro:

A duplicação da natureza como aparência e essência, ação e força, que torna possível tanto o mito quanto a ciência, provém do medo do homem, cuja expressão se converte na explicação (p. 29).

---

2. Assim, a ideologia do nominalismo burguês nasce com a própria separação do homem da natureza. Com a liberação da palavra, nasce também a abstração que identifica a coisa no pensamento, surgindo, portanto, a lógica do sujeito, a razão subjetiva, que se sujeita ao dado para melhor dominá-lo.

O COMPUTADOR NO ENSINO

A ciência apesar do seu afastamento maior da natureza em relação ao mito se assemelha a esse:

> *O princípio da imanência, a explicação de todo acontecimento como repetição, que o esclarecimento defende contra a imaginação mítica, é o princípio do próprio mito. A insonsa sabedoria para a qual não há nada de novo sob o sol, porque todas as cartas do jogo sem-sentido já teriam sido jogadas, porque todos grandes pensamentos já teriam sido pensados, porque as descobertas possíveis poderiam ser projetadas de antemão, e os homens estariam forçados a assegurar a autoconservação pela adaptação – essa insonsa sabedoria reproduz tãosomente a sabedoria fantástica que ela rejeita: a ratificação do destino que, pela retribuição, reproduz sem cessar o que já era* (p.26).

A dialética do Esclarecimento se dá num afastamento contínuo da natureza e do homem enquanto natureza, para que essa se exprima em nostalgia do passado perdido, e o medo da natureza se converte em medo da própria produção material, que ameaça de aniquilação o homem. Esse não venceu o seu destino.

A lógica formal, uniformizadora *a priori* do diferente, tornando tudo idêntico a tudo, impede que algo se identifique a si mesmo; assim, a natureza é abolida no plano simbólico.[3] O próprio "eu" é construído na anulação do si mesmo; por isso, Adorno e Horkheimer (1985) dizem que é no sonho que podemos abandonar o nosso "eu" e sermos felizes. Estamos em terreno da Psicanálise.

Mas se a Psicanálise de Freud dá concretude à subjetividade, esta não se reduz à concretude objetiva das relações de produção e nem esta é reduzida àquela. A recusa da síntese entre a esfera da subjetividade e a esfera em que atua o materialismo histórico é comum tanto a Freud quanto a Adorno e Horkheimer (1985):

---

3. Neste sentido, o sujeito do esclarecimento não é o homem, este deve apagar, em si mesmo, os vestígios de sua natureza para a sua sobrevivência e cumprimento de seu destino. A história do esclarecimento é a história do esquecimento do "si mesmo".

PENSAMENTO E REALIDADE 29

A mera hipótese de tal síntese já constitui, para Adorno e Horkheimer, uma traição às intenções críticas tanto de Freud como Marx. Postura que decorre da doutrina da não-identidade, central para a filosofia dos dois pensadores frankfurtianos (ROUANET, 1989, p. 74).

Adorno e Horkheimer (1985), ao contrário de Hegel, como veremos mais à frente, não reduzem o particular ao todo. Mas através da análise do singular se colocam contrariamente, também, à subsunção do todo ao particular, em si um caso de positivismo.

Contudo, esta subsunção do todo ao particular ocorre no pensamento freudiano, quando este tenta extrapolar as explicações dadas à mônada individual para fenômenos sociais, tais como a religião e a arte. Freud se coloca aqui, segundo Adorno e Horkheimer (1985), como os primitivos, cuja onipotência do pensamento aludida por ele mesmo é empregada em outras esferas da ação social. Já a Escola de Frankfurt mantém a tensão entre eles e nessa encontra a sua verdade.

A teoria crítica se diferencia da dialética hegeliana também na relação entre o particular e o todo. Para Hegel, o todo é verdadeiro; para Adorno e Horkheimer (1985), o particular indica o todo, mas não se anula nele. A síntese não é possível quando a liberdade não existe.

Para Adorno, numa sociedade opressiva, o todo é falso:

O particular vale, em sua irredutível especificidade, como representante do universal, através da categoria da Vermittlung, da mediação, pela qual a parte é índice do todo, mas não pode ser absorvida pelo todo...É impossível pensar o reino da liberdade quando se está imerso no reino da necessidade... O que leva Adorno, invertendo a fórmula hegeliana, a afirmar que 'das Ganze ist das Unwahr' – o todo é falso (ROUANET, 1989, p. 75).

Claro, na época de Hegel, a Revolução Francesa apontava para a liberdade individual, mas na concepção burguesa. Hegel, tomando o idealismo como o reino da verdade e, portanto, da liberdade, não se apercebeu dos limites materiais daquela realidade. Já Adorno e Horkheimer, vivendo na época do pós-guerra – uma era de abundância da produção material –, apontam essa totalidade como opressora

30 O COMPUTADOR NO ENSINO

justamente por eliminar o indivíduo. O que é negado nesta realidade é a presença da subjetividade na esfera afetiva e na cognitiva, conforme veremos no próximo capítulo, enquanto na época da Revolução Francesa o pensamento era "libertado" na transição para a era burguesa; assim a liberdade poderia surgir nas idéias.

Marcuse (1981), ao falar sobre o percurso da filosofia ocidental, afirma a sua impotência frente ao real:

> No princípio e no fim, em Aristóteles e em Hegel, o modo supremo de ser, a forma básica da razão e da liberdade, apresenta-se-nos como nous, espírito, Geist. No final e no princípio, o mundo empírico mantém-se na negatividade – substância e instrumento do espírito, ou de seus representantes terrenos. Na realidade, a relembrança e o conhecimento absoluto não redimem o que era e é (p. 113).

Marcuse (1981), evidentemente, não nega a importância do pensamento crítico presente na Filosofia Ocidental, particularmente o de Hegel, mas aponta os seus limites. O conteúdo da ideologia de Hegel é verdadeiro, mas a sua tentativa de se exprimir como o real não o é.

De Platão a Hegel, o pensamento pode ser crítico no sentido de negar a realidade existente como verdadeira e de apontar, no caso de Hegel, para a essência humana como felicidade com liberdade por intermédio da realização da razão, mas deixava a realidade opressora intocável. Marx é o pensador que subverterá a relação entre a realidade e o pensamento. Segundo Marcuse (1988), para Marx:

> A crítica da sociedade não pode mais progredir por meio da doutrina filosófica, mas torna-se uma tarefa da prática sócio-histórica (p. 242).

A liberdade para Marx só é verdadeira se for universal e se der quando o homem se reconhecer naquilo que construiu. O trabalho, portanto, é uma das categorias essenciais para Marx; com a modificação da natureza, o homem se modifica e encontra a sua essência neste vir-a-ser que é a sua obra. Mas o trabalho, na organização social burguesa, é alienado do trabalhador, porque esse não o faz para si, e

PENSAMENTO E REALIDADE   31

é alienado do patrão, porque esse não pode se reconhecer no objeto construído, além de não se apropriar de seu valor, mas apenas de seu valor de troca. A alienação dos homens de seu próprio mundo se dá por intermédio da ideologia, que consiste na inversão da relação entre a consciência e a realidade objetiva. Se, para Hegel, a história havia libertado o homem através de uma realidade em que a teoria pode abarcar os fatos em seu vir-a-ser, para Marx, existia um elemento que podia negar a verdade do todo: o proletariado. O proletariado não tem propriedade, liberdade, tempo para a arte, para a religião e para a filosofia, que, para Hegel, são essenciais para o homem, conforme argumenta Marcuse (1988). Em outras palavras, aquele que é negado constitui-se na negação do todo e é a vanguarda do processo de modificação social.

Mas se a dialética de Marx "inverte" a de Hegel, ela encontra o seu impasse diante do fracasso da revolução socialista universal de 1917, o qual leva à busca de explicações em searas alheias ao do materialismo histórico. Se as condições objetivas da realidade não explicavam o fenômeno, procurou-se, com as categorias da psicanálise, essa mesma realidade infiltrada na subjetividade humana. Os pensadores da escola de Frankfurt, entre outros, vão utilizar-se desse instrumental.

As categorias da psicanálise vão ser utilizadas pelos frankfurtianos no momento em que a própria fronteira entre o indivíduo e a cultura está para ser rompida e a subjetividade, "engolida" pelo mundo do trabalho. É o início do capitalismo em sua forma mais avançada:

A fronteira tradicional entre a Psicologia, de um lado, a Política e a Filosofia Social, do outro, tornou-se obsoleta em virtude da condição do homem na era presente: os processos psíquicos anteriormente autônomos e identificáveis estão sendo absorvidos pela função do indivíduo no Estado – pela sua existência pública. Portanto, os problemas psicológicos tornam-se problemas políticos: a perturbação particular reflete mais diretamente do que antes a perturbação do todo, e a cura dos distúrbios pessoais depende mais diretamente do que antes da cura de uma desordem geral (MARCUSE, 1981, p. 25).

Como dito antes, os frankfurtianos não visam a uma síntese entre as categorias da Psicanálise e as do Marxismo, visto que neste momento a totalidade é totalitária. Sobre isso escreve Jacoby (1977):

> *Uma síntese harmoniosa de marxismo e Psicanálise pressupõe que a sociedade está livre dos antagonismos que são a sua essência.' O verdadeiro pluralismo', escreveu Max Horkheimer, 'pertence ao conceito de uma sociedade futura'. Esta já está cindida e destroçada, fragmentada em sua origem* (p. 88).

Adotando os conceitos da Psicanálise, Adorno e Horkheimer (1985), assim como Marcuse, problematizam a idéia da síntese perfeita e harmoniosa entre o indivíduo e a sociedade, entre a consciência e a história, entre a natureza e a cultura, o que não implica que não seja dever da teoria crítica engajar-se nos processos de emancipação dos homens dos impasses suscitados por aquelas díades. Na dialética frankfurtiana, a natureza não é só determinada pela história humana, mas é determinante dela, é seu ponto de partida e de chegada, sem que ambos coincidam.

No caminho que fizemos para diferenciar a teoria crítica das concepções de Hegel e de Marx sobre a dialética, pudemos visualizar que aquela preserva, em si, a tensão entre o pensamento e a realidade social, entre o subjetivo e o objetivo, ou seja, entre o idealismo e o materialismo, o primeiro indicando o conteúdo da verdade humana e o segundo as condições para torná-lo real e, neste sentido, negam a realidade existente como sendo a afirmação daquele conteúdo.

A dialética, como vimos, muda, de acordo com a realidade, de idealista para materialista e de materialista para materialista e idealista simultaneamente (embora idealista no sentido de incluir a dimensão da subjetividade e da cultura). Mas e o positivismo? Qual é a sua relação com a realidade social?

Marcuse (1988) contrapõe o surgimento do positivismo de Comte à filosofia positivista e ao racionalismo do liberalismo. Esses mantinham, ainda, algum compromisso com a crítica. Mas Comte iguala a sociedade aos fatos da natureza e cria a disciplina sociologia para descrever as leis naturais da sociedade, o que compromete a visão de que a transformação social advém da ação humana. Se os fenômenos sociais são igualados aos naturais, o mesmo método se aplica a ambos, cabendo à sociologia a procura das regularidades sociais através da

PENSAMENTO E REALIDADE

mesma separação entre sujeito e objeto que está presente nas ciências naturais.

Considerando a concepção da teoria dentro do positivismo e denominando-a teoria tradicional em contraposição à teoria crítica, Horkheimer (1983) aponta para a questão considerada no parágrafo anterior da seguinte maneira:

> *Pressupondo-se as circunstâncias a, b, c, d, deve-se esperar a ocorrência q; desaparecendo p, espera-se a ocorrência r; advindo g, então espera-se a ocorrência s, e assim por diante. Esse calcular pertence ao arcabouço lógico da história, assim como ao da ciência natural. É o modo de existência da teoria em sentido tradicional* (p. 121).

Nesse trecho, Horkheimer (1983) aponta para três características do positivismo desenvolvido a partir de Comte: 1) A anulação do conteúdo em função dos símbolos algébricos, já presentes, de forma insípida, na lógica de proposições de Aristóteles; 2) Encadeamento de causa-efeito entre as variáveis abstraídas, o que pode ser válido para os fatos que se repetem, mas não necessariamente para os fenômenos históricos que são irreprodutíveis; 3) A generalização do mesmo método para qualquer ciência. Esses aspectos implicam uma separação entre fato e norma, com esta última sendo incluída na ciência apenas como objeto de estudo.

Ao mostrar a noção da neutralidade axiológica a partir da dicotomia entre fatos e valores, Habermas (1983a) alega que, excluídos uns dos outros, a ciência aparenta não ter vinculação com a práxis, como método. Mas, mais do que separar fato de valor, o positivismo neutraliza os meios para a consecução dos fins, esses valorizados, ou seja, imbuídos de decisão política. Isomorfismo da relação do método científico com a realidade, a distinção entre meios e fins, feita dessa maneira, esconde a determinação valorativa dos instrumentos empregados para o entendimento e manuseio da realidade.

A própria razão, contudo, é excluída da ciência nessa partição, tanto que a especulação no pensamento comteano deve ser abolida em favor dos fatos. A transcendência das entidades finitas estudadas pelo entendimento não é mais possível: o fato é o que é, a realidade é o que é. Assim, o Positivismo (a partir de Comte), ao afirmar o primado dos fatos, nega o *a priori* da Razão, de forma que a projeção – como característica do pensamento, que, segundo Adorno e Horkheimer (1985), permite ao sujeito que pensa devolver ao mundo mais do que dele é apreendido – é destronada, e o fato deve ser percebido e refletido tal como ele se encontra na realidade existente. A reflexão cede sua produtividade à mera receptividade. Os fatos que se apresentam tal qual são na aparência devem ser entendidos em si mesmos.

Como, a partir de Comte, a sociologia converteu-se em ciência, tendo a função de entender as leis inexoráveis presentes nas formações societárias de modo similar às ciências naturais, o vir-a-ser da sociedade humana deve ser entregue à sua própria sorte, sem a intervenção dos movimentos sociais. A sociedade é percebida como a natureza: sem saltos qualitativos; ela deve se modificar na condução do progresso pela ordem:

> *O novo movimento filosófico ensinará aos homens, no devido momento, que sua ordem social se erige sob leis eternas que ninguém pode transgredir sem punição. Segundo estas leis, todas as formas de governo são 'provisórias', o que significa que deverão ajustar seus esforços ao progresso irresistível da humanidade. A Revolução, sob tais condições, não tem sentido* (MARCUSE, 1988, p.314).

Marcuse (1988) contrapõe o positivismo de Comte à dialética na sua relação com a totalidade, através do conceito de ordem:

> *A idéia positivista de ordem se refere a um conjunto de leis inteiramente diferente do conjunto das leis dialéticas. O primeiro é essencialmente afirmativo e constrói uma ordem estável, o outro, essencialmente negativo e destrutivo da estabilidade. O primeiro vê a sociedade como um terreno de harmonia natural, o outro, como um sistema de antagonismos* (p. 316-7).

Além de o trecho acima evidenciar o comprometimento das duas concepções com a ordem social, ele aponta para a naturalização da sociedade na concepção positivista. Mas se para Comte a sociedade deve ser estudada como um ente natural submetido a leis inexoráveis,

PENSAMENTO E REALIDADE 35

para Adorno e Horkheimer (1985) a sociedade reflete a natureza humana por ser modificável, construída. O homem é natureza e se contrapõe a ela. Nesta contradição, o homem faz a história. No positivismo comteano, o homem pode entender a sociedade e a natureza pelo método e, assim, a razão e o método se separam da concretude, enquanto que na teoria crítica eles se separam, mas não se desvinculam; são determinantes, mas também determinados. Dessa forma, a metafísica está presente no positivismo.

Esse abandono da concretude leva Horkheimer (1983) a entender a teoria construída pelo positivismo como ideologia:

> Na medida em que o conceito da teoria é independentizado, como que saindo da essência interna da gnose, ou possuindo uma fundamentação a-histórica, ele se transforma em uma categoria coisificada e, por isso, ideológica (p. 121).

Em contraste, a teoria crítica é concebida como um pensar que não separa o homem e a natureza da produção social, que é histórica, incluída nessa a ciência natural.

A presença de contradições explícitas na teoria é entendida, no pensamento crítico, como expressão das contradições da realidade, enquanto que a lógica formal, instrumento do positivismo, apresenta a contradição como erro: se há contradição entre teoria e fatos, a primeira tem que ser revista.

Mas, se há divergências entre os dois tipos de concepções de conhecimento, os resultados obtidos e alguns elementos presentes na teoria tradicional são valorizados pela teoria crítica. No que se refere à lógica formal, por exemplo, diz Horkheimer (1983):

> A figura tradicional da teoria, da qual a lógica formal é uma parte, pertence ao processo de produção por efeito da divisão do trabalho em sua forma atual. O fato de a sociedade ter que se confrontar também em épocas futuras com a natureza não torna irrelevante essa técnica intelectual; ao contrário, essa técnica terá que ser desenvolvida ao máximo (p. 136).

A teoria crítica, concebida dentro do movimento histórico, afirma

36 O COMPUTADOR NO ENSINO

a necessidade de seu engajamento para o desenvolvimento da maior racionalidade possível, e, assim, como apontado anteriormente, os instrumentos e produtos da teoria tradicional são salientados, mas como um dos momentos da razão, faltando-lhes a negação. Contudo, o positivismo não pode reconhecer a análise crítica, pois isso lhe seria contraditório. Adorno, ao indicar que a ciência é, simultaneamente, força social produtiva e relação social de produção, aponta para aquela contradição:

> *Uma tal ambigüidade, por mais plausível, seria conflitante com o princípio da não-contradição, pois a ciência seria autônoma e não o seria* (ADORNO, 1983, p. 211).

Habermas (1983a) apresenta cinco pontos nos quais as duas concepções de teoria diferem: relação entre teoria e objeto; relação entre teoria e experiência; concepção de história; relação entre ciência e *práxis*; e neutralidade axiológica, essa última já apresentada anteriormente.

No primeiro aspecto, Habermas (1983a) mostra que, para a teoria tradicional, a teoria distingue-se da realidade à qual se aplica, podendo propor um método universal para todas as ciências quer naturais quer sociais, enquanto que o uso da dialética implica na adequação à especificidade do objeto.

No segundo tópico, ressalta o autor que enquanto o método positivista entende a experiência científica como algo que deve ser obtida com experimentos caracterizados pela observação controlada e por sua reprodutividade, enfatizando, assim, a necessidade de que os fenômenos da natureza devem ser adequados às características do método, tornando-se exteriores a si mesmos, a teoria crítica tem nos seus principais postulados, entre eles, o da totalidade, conceitos que não têm como ser postos à prova, pois relacionam-se mais ao devir do que à aparência. Mas, se a totalidade não pode ser demonstrada positivamente, o mesmo ocorre com a noção de sistema, do qual alguns objetos de experimentação são deduzidos.

No terceiro ponto, Habermas (1983a) mostra que enquanto a teoria tradicional vê a história como uma sucessão de fatos, a teoria crítica vê na história um confronto entre o real e o ideal de cada etapa histórica, prendendo-se, assim, à concepção hegeliana.

Na distinção entre ciência e práxis, o autor atribui à teoria tradicional o domínio de fatos recorrentes e, portanto, previsíveis, enquanto este domínio é impossível para a teoria crítica, pois o fenômeno social aponta para resultados múltiplos possíveis, dependendo de ações humanas conscientes ou não. Já a neutralidade axiológica, característica do positivismo, fundada na cisão entre fato e valor, inverte a realidade tornando-a estática. Primeiro porque, na procura das leis da natureza, esquece que esta é humanizada, portanto, dotada de valor, mas sendo este excluído do método, a inserção humana no objeto estudado não é percebida; segundo porque o valor perde a sua transcendência ao ser reduzido a objeto de estudo nas ciências sociais. Em ambos os casos, a neutralidade axiológica alija o pensamento dos processos de desenvolvimento social, escondendo o seu *a priori* político. O que medeia, atualmente, as relações entre os homens e as relações desses com a natureza é a tecnologia, e essa:

> ...*não pode, como tal, ser isolada do uso que lhe é dado; a sociedade tecnológica é um sistema de dominação que já opera no conceito e na elaboração das técnicas* (MARCUSE, 1982, p. 19).

Tanto a teoria crítica quanto a teoria tradicional são produtos de condições determinadas. A teoria tradicional nega esta dependência e tem uma atuação cega e, como tal, é apossada por aquele que tem o olhar da produtividade que anula o homem como sujeito da produção, exercendo assim a produtividade opressiva. A teoria crítica aponta esta dependência, tentando visualizar no próprio processo de sua criação a subversão daquelas condições, o que implicaria a sua dissolução. Nesse sentido, as duas são políticas, mas enquanto uma visa à sua própria eliminação, a outra procura a sua manutenção a partir da preservação da ordem que a criou. Mas é a própria teoria tradicional, sob a forma de racionalidade tecnológica, que aponta e possibilita a contradição – que é um dos elementos principais da teoria crítica – entre a possibilidade da eliminação da labuta (trabalho alienado) e a sua perpetuação, pois a tecnologia torna a sua crescente produtividade em falsa liberdade, ou seja, em opressão, conforme veremos no próximo capítulo.

CAPÍTULO 2

A IDEOLOGIA DA RACIONALIDADE TECNOLÓGICA

> *Entretanto, precisamente porque a ideologia e a*
> *realidade correm uma para a outra; porque a realidade*
> *dada, à falta de outra ideologia mais convincente,*
> *converte-se em ideologia de si mesma, bastaria ao*
> *espírito um pequeno esforço para se livrar do manto*
> *dessa aparência onipotente, quase sem sacrifício*
> *algum. Mas esse esforço parece ser o mais custoso de*
> *todos* (ADORNO e HORKHEIMER, *Temas Básicos de*
> *Sociologia*).

Não há dúvida de que o progresso da civilização ocidental é devido em grande parte à tecnologia por ela desenvolvida. O controle da natureza, embora não ilimitado, garante para uma parcela dos homens longevidade e conforto material, e o controle do comportamento humano permite a existência de uma sociedade "ordeira" e "progressista", tal como propunha e previa o positivismo de Comte.

Um retrospecto da história da civilização ocidental mostra-nos o domínio dos homens sobre o fogo, os animais, os mares e, atualmente, sobre parte do espaço. A medicina caminhou de explicações mitológicas para observações naturais com justificativas racionais, o que lhe permitiu prolongar a sobrevivência e aliviar a dor humana.

Com o crescimento da população e o fenômeno da urbanização surgem novos problemas para a organização social, que são resolvidos pela tecnologia: para vencer as distâncias das grandes cidades, surgem meios de transportes cada vez mais velozes; para o abastecimento de alimentos, criam-se as estradas de rodagem e de ferro; para o pagamento e o recebimento de contas, os bancos se aperfeiçoam, tornando-se cada vez mais eficientes. E até mesmo o lazer é organizado e dirigido, e se encontra dentro de casa: a televisão, o vídeo game e o videocassete, de tal forma que o trabalhador só consegue descansar de seu trabalho, sendo exposto a um consumo obrigatório e a formas de comportamentos pré-determinados e, de algum modo, determinantes. A tecnologia torna-se a grande esperança tanto para os problemas antigos, como para aqueles criados pelo progresso. Da mesma forma que ela resolveu os problemas no passado, espera-se que resolva os atuais e os futuros.

Mas se a tecnologia permitiu ao homem a subjugação parcial da natureza, não resolveu os conflitos entre eles e nem dos homens entre si. Esses conflitos, por sua vez, que se apresentam na organização do trabalho, são obliterados da consciência por obra da ideologia.

A ideologia[1] será considerada, neste trabalho, como um conjunto de representações, pensamentos e crenças formado com base em uma realidade que se apresenta como ilusória, sendo ela própria atividade social, que tem como função ocultar as contradições da realidade, que envolvem, de um lado, a força de trabalho e, de outro lado, os donos dos meios de produção; de um lado, as relações sociais e, de outro lado, as forças produtivas; de um lado, a cultura e, de outro, a natureza. Essa ocultação ocorre sob a forma de justificação da realidade estabelecida, que, dessa forma, a perpetua.

Assim, para que a realidade seja desvelada são necessárias a crítica ao discurso ilusório e a crítica à realidade aparente. Se ela for feita em apenas um dos níveis, o movimento da realidade, dado pela contradição entre o real e o possível, não é recuperado. Por exemplo, se um discurso oficial, que diz haver igualdade educacional para todos, quando não há de fato, for desmascarado, mas não se mostrar

---

1. Embora a discussão sobre ideologia, no que se refere à sua gênese, produção e modificação, seja importante para este trabalho, ela nos obrigaria a um longo desvio, por isso temos que remeter o leitor para os textos que sustentam o nosso pensar sobre ela, que são os seguinte: HORKHEIMER, M. e ADORNO, T. W. *Temas Básicos de Sociologia*. São Paulo: Cultrix, 1978; CHAUÍ, M. *O que é Ideologia*. São Paulo: Brasiliense, 1981; MARX, K. *Manuscritos Econômicos-Filosóficos. In: Marx*.São Paulo, Abril Cultural, 1978, p. 7-48; MARX, K. *O Capital: Crítica da Economia Política*. Livro I, volume 1. São Paulo: Difel, 1984; MARX, K. E ENGELS, F. *A Ideologia Alemã*. São Paulo: Hucitec, 1987; ROUANET, S. P. *A Razão Cativa: As Ilusões da Consciência: de Platão a Freud*. São Paulo: Brasiliense, 1987. Para uma discussão do conteúdo expresso por esses autores sobre ideologia ver: CROCHÍK, J. L. *O Ajustamento do Pensamento em uma Sociedade de Alto Desenvolvimento Tecnológico: o computador no ensino*. Tese de Doutorado, Instituto de Psicologia da USP, 1990.

A IDEOLOGIA DA RACIONALIDADE TECNOLÓGICA   41

os obstáculos da realidade à sua concretização, essa fica intocada e dela podem surgir outros discursos que fortaleçam o primeiro; por outro lado, se os obstáculos são apontados, mas o conteúdo do discurso, quando verdadeiro, não for preservado, perde-se a sua verdade. Ou seja, a crítica deve ser feita no sentido de afirmar o conteúdo do discurso e negar a realidade existente, mostrando os obstáculos dessa à sua realização.

Claro, o trabalho da crítica não é simples como o exemplificado, pois o conteúdo da ideologia e a sua relação com a realidade variam historicamente. No fascismo, por exemplo, a ideologia é manifestamente irracional, devendo-se apontar para as forças que a sustentam: uma realidade reificada e a constituição de subjetividades alheias a si mesmas e ao mundo. Mas passemos a estudar a tecnologia como ideologia.

A tecnologia é trabalho acumulado, suas modificações surgem das contradições sociais; sendo incremento às forças produtivas, colabora para o desenvolvimento daquelas contradições, de um lado, aumentando a riqueza social e o domínio sobre a natureza e, de outro lado, aumentando a alienação do trabalhador frente ao processo de produção e o acréscimo de mais-valia ao capital.

Marx (1984) aponta para a ampliação da mais-valia, na análise que faz do maquinário utilizado pelo capital:

> Esse emprego, como qualquer outro desenvolvimento da força produtiva do trabalho, tem por fim baratear as mercadorias, encurtar a parte do dia de trabalho da qual precisa o trabalhador para si mesmo, para ampliar a outra parte que ele dá gratuitamente ao capitalista. A maquinaria é meio para produzir mais-valia (p. 424).

O maquinário é o representante do capitalista no mundo da produção e re-apresenta a dominação daquele sobre o trabalhador, que torna-se o obstáculo a ser enfrentado para o aumento da produção. Nas palavras de Marx (1984):

> O instrumental passa a ser animado por um movimento perpétuo e produziria ininterruptamente se não fosse tolhido por certas limitações naturais dos auxiliares humanos, a debilidade física

e os caprichos. Como capital, esse autômato possui, na pessoa do capitalista, consciência e vontade, e está dominado pela paixão de reduzir ao mínimo a resistência que lhe opõe essa barreira natural, elástica: o homem (p. 460).

A subjetividade deve ser eliminada cada vez mais do mundo do trabalho alienado, e, por isso mesmo, ele é cada vez mais alienado. A objetificação do trabalho humano ganha rumo com o aumento da influência da ciência, ou seja, através de sua incorporação ao capital. A ciência positiva que já fizera a separação entre fato e valor, como vimos no capítulo anterior, se presta perfeitamente bem a introduzir instrumental que, com a aura da neutralidade, esconde a intenção existente naqueles que o encomendam.

Da passagem da manufatura para o trabalho mecanizado, segundo Marx (1984), houve inversão da relação entre o trabalhador e seu instrumental de trabalho: *"Na manufatura e no artesanato, o trabalhador se serve da ferramenta; na fábrica, serve à máquina"* (p. 483). O trabalhador, que tinha algum grau de autonomia e objetivação no seu produto, passa a ter, no trabalho mecanizado, um grau elevado de objetificação.

A introdução do maquinário nos processos de produção contribui com a presença da ideologia nesses processos; as máquinas ocultando a alienação e a pauperização crescentes do trabalhador cumprem essa função. Apresentando-se independentemente de seus usos, a máquina converte-se num "em si", ocultando o porquê foi feita, ao mesmo tempo que, enquanto mercadoria, oculta o processo de produção que a gerou.

O maquinário, surgido das ferramentas utilizadas na manufatura, contém a racionalidade que a sua finalidade determina, a sua construção é reposição desta finalidade. Como produto de trabalho alienado, ele é intenção alienada. A idéia de que a sua aplicação pode se dar em qualquer sistema social deve ser tributada ao equivalente geral, que dissipa qualquer diferença, quanto ao valor de uso de uma mercadoria.

Como a máquina é regular, mas o trabalhador não, a sua forma de trabalhar precisa ser racionalizada e, assim, no início deste século, de acordo com Weill (1979), com as proposições de Taylor e Ford, a produção é aumentada em volume substancial.

Taylor estudou tanto o formato e o tamanho adequado de mate-

A IDEOLOGIA DA RACIONALIDADE TECNOLÓGICA   43

riais de trabalho, quanto o ritmo do trabalhador para que a eficiência do trabalho aumentasse. Ford propôs a "montagem em série" com o mesmo intuito. Assim, a autonomia que o trabalhador tinha quanto ao saber de seu produto e quanto ao ritmo que impunha ao seu trabalho são transpostos, cada vez mais, à mecanização do trabalho. Torna-se o trabalhador ainda mais alheio ao seu produto, pois se antes ele era o autor do produto, embora não o possuísse, a partir de então, até essa relação com o fruto de seu trabalho se perdeu.

Com o desenvolvimento da eletrônica e da cibernética, sobretudo após a Segunda guerra mundial, as indústrias de automação e de informática ganham impulso e adentram nos setores produtivos, substituindo parcela de trabalho humano. As máquinas, além de a longo prazo serem de custos mais baixos que o trabalhador, em geral, são mais eficientes do que ele. Com a possibilidade de automação do trabalho, a produção pode ser aumentada e, conseqüentemente, o lucro também. Mas, o que acontece à relação capital-trabalho, uma vez que o trabalhador se torna cada vez mais dispensável à produção?

Essa questão se relaciona com as transformações internas do capitalismo. Mills (1979) descreve esse processo nos E.U.A., onde, no século passado, o território era "livre" para a criação de diversas empresas de pequeno porte, e mostra a sua transformação em capitalismo monopolista, a partir das primeiras décadas deste século, através do conflito entre as pequenas e as grandes empresas. Com o predomínio dessas últimas, os proprietários das pequenas empresas vão procurar trabalho nas grandes empresas onde poderiam ganhar maiores salários. O capital restringe o número de seus representados, aumentando, em conseqüência, o número de trabalhadores, intensificando as contradições do capital, que deveriam apontar para a sua superação.

Mas se as condições para a superação do capital foram estabelecidas, por que ela não ocorre? Como a tecnologia influi nesse processo? Vejamos a posição de três autores que pensaram essas questões: Marcuse (1981 e 1982), Habermas (1983) e Lefebvre (1969).

Marcuse (1981), através de uma interpretação filosófica da Psicanálise, tenta absorver os seus elementos principais, sem reduzi-los a explicações sociológicas, para mostrar como a organização das pulsões pode ser influenciada pela organização social.

Uma das discussões centrais em seu livro *Eros e Civilização* é a referente ao trabalho. Nessa obra, Marcuse amplia a discussão de Freud sobre a necessidade de coerção sobre o trabalhador e faz a distinção entre o trabalho e a labuta. A labuta seria uma atividade produtiva alheia ao trabalhador e necessária, durante certo tempo de nossa história, para que a produção atingisse um nível em que pudesse satisfazer as necessidades básicas da população. Já o trabalho é concebido como uma atividade com um fim em si mesmo: o de dar prazer, sendo que esse deveria predominar sobre a labuta quando a esfera da produção se tornasse altamente automatizada e, assim, exigisse pouco trabalho árduo dos seres humanos.

Admitindo que alguma repressão à satisfação dos desejos humanos deva existir na civilização, cria o termo "mais-repressão", que seria característica de estágios da história nos quais é necessário desviar uma cota maior da libido para atividades produtivas, servindo este desvio da libido para a dominação do capital sobre o trabalho (nesse caso, a labuta):"*Na estrutura total da personalidade reprimida, a mais repressão é aquela parcela que constitui o resultado de condições sociais específicas, mantidas no interesse específico da dominação*" (p. 90), e mais adiante:

> *Objetivamente, a necessidade de inibição e repressão instintivas depende da necessidade de labuta e satisfação retardada. A mesma ou até uma amplitude mais reduzida de arregimentação instintiva constituiria um grau mais elevado de repressão num estágio maduro da civilização, quando a necessidade de renúncia e labuta é grandemente reduzida pelo progresso material e intelectual – quando a civilização pode, efetivamente, consentir uma considerável descarga de energia instintiva, consumida na dominação e na labuta* (p. 91).

Outro conceito reexaminado por Marcuse (1981) é o do Princípio da Realidade, que, por se pautar também por dados do mundo externo, teria na sociedade industrial a forma de "Princípio de Desempenho". Ou seja, o princípio da realidade é influenciado pela história e como se constitui entre outros fatores pelas condições do mundo externo veicula os desígnios do momento histórico em que se vive. Assim, o "Princípio de Desempenho", ao mesmo tempo que colabora com o desenvolvimento das forças produtivas, e com isso para a superação do capitalismo, traz consigo elementos para a sua manutenção ao nível da consciência.

A IDEOLOGIA DA RACIONALIDADE TECNOLÓGICA 45

A racionalização e a automação do trabalho tenderiam a contribuir para a diminuição da labuta e para uma maior satisfação dos instintos humanos, ou seja, deveria sobrar mais tempo livre para o indivíduo. Mas isso não ocorre:

> ...quanto mais perto se encontra a possibilidade real de emancipar o indivíduo das restrições outrora justificadas pela escassez e imaturidade, tanto maior é a necessidade de manutenção e dinamização dessas restrições, para que a ordem de dominação não se dissolva (p. 94).

É a consciência agora, e não mais os instintos, que deve ser controlada. Para o capital continuar a crescer e para a dominação prosseguir, são criadas novas necessidades, e é pregada a necessidade do trabalho. Todavia, como a automação dá conta de boa parte dessa produção, novas ocupações não produtivas devem ser criadas para o trabalhador. Nas palavras de Marcuse (1981):

> No processo de automação, o valor do produto social é determinado em grau cada vez mais diminuto pelo tempo de trabalho necessário para a sua produção. Conseqüentemente, a verdadeira necessidade social de mão-de-obra produtiva declina, e o vácuo tem de ser preenchido por atividades improdutivas. Um montante cada vez maior do trabalho efetivamente realizado torna-se supérfluo, dispensável, sem significado (p. 21).

Quanto à tecnologia, Marcuse (1982) critica a neutralidade que lhe é atribuída tanto na sua construção quanto na sua utilização. Mas, mais do que a neutralidade da tecnologia, o autor aponta para o seu caráter ideológico.

Para Marcuse (1982), a ideologia atual, transmitida pela tecnologia, é mais forte que a anterior (a liberal), pois está presente no próprio processo de produção:

> Essa absorção da ideologia pela realidade não significa, contudo, o 'fim da ideologia'. Pelo con-

trário, em sentido específico, a cultura industrial avançada é mais ideológica do que a sua predecessora, visto que, atualmente, a ideologia está no próprio processo de produção. Esta proposição revela de forma provocadora, os aspectos políticos da racionalidade tecnológica prevalecente (p. 31-2).

Para ele, o efeito ideológico da racionalidade tecnológica é expresso também no pensamento, só permitido através da operacionalização de conceitos, que reduz diversas possibilidades de ser da realidade a uma só: a da realidade imediata. A operacionalização de conceitos, necessária à delimitação dos objetos de estudo nas ciências naturais, passa a ser uma forma de entendimento de toda a realidade. Conceitos como "cadeira" e "liberdade" são definidos segundo padrões idênticos; mais do que isso, a "coisa" conceituada e a sua função utilitária são identificadas.

Quando algo é operacionalizado, ele o é frente a necessidades imediatas. Portanto, outras possibilidades de ele vir-a-ser, que negam a sua aparência atual, são negadas, reduzindo-se, assim, a possibilidade de historicização dos conceitos e de seus objetos. É através da identidade entre coisa e função que se elabora o conceito operacional:

> *Anteriormente ao seu uso operacional, o conceito nega a identificação da coisa com a sua função; distingue aquilo que a coisa é das funções contingentes dessa coisa na realidade estabelecida* (p. 101).

E mais adiante:

> *Se o comportamento lingüístico bloqueia o desenvolvimento conceptual, se ele milita contra a abstração e a mediação, se se rende aos fatos imediatos, repele o reconhecimento dos fatores que estão por trás dos fatos e, assim, repele o reconhecimento dos fatos, bem como do conteúdo histórico destes* (p. 102).

A ideologia da racionalidade tecnológica se constitui, portanto, na identidade entre fato e conceito, entre verdade e verdade estabelecida, entre existência e essência e entre coisa e função. Mais do que

A IDEOLOGIA DA RACIONALIDADE TECNOLÓGICA 47

um ideário, esta ideologia se expressa através de uma forma lógica de pensar, que é inerente ao positivismo comteano.

O pensamento de Marcuse considera que o próprio sistema capitalista paralisou a sua dialética, através da integração das forças que negam a sua superação, ou seja, o proletariado; o real torna-se unidimensional, totalitário, sustando a sua transformação.

Essa unidimensionalização, como dissemos, decorre do próprio processo de produção, que, de um lado, com a automação desvincula, cada vez mais, o trabalhador do trabalho produtivo e obriga a criação de novas ocupações pouco ou nada relacionadas com a produção de bens necessários, tornando a própria labuta irracional. Por outro lado, e também devido àquela decorrência, projeta nas outras esferas de vida a sua racionalidade. Assim, a forma de ser dos processos de produção – a padronização dos comportamentos – e o seu objetivo – a produtividade alienada – são projetados em esferas que, antes, possuíam alguma autonomia, rompendo a distinção entre a esfera pública e a esfera privada e, dessa maneira, administra-se a própria constituição da personalidade, tornando-se a teoria um conjunto de conceitos operacionais comprometidos com os fatos imediatos. O mundo passa a se centrar na produção e no consumo de técnicas.

Um véu se coloca sobre o conflito de classes, não o eliminando, mas sustando a sua contradição. Marcuse (1982) vê na tecnologia um projeto de mundo, que a transforma num *a priori* político. Ela é projeto político porque se coloca como fim último da realização humana, pondo-se mesmo no lugar desta; é o desenvolvimento tecnológico convertido num "em si". O que ela esconde é a possibilidade humana de escolha entre os seus caminhos possíveis e o empobrecimento humano presente na submissão ao aparato técnico. Estas idéias aparecem no seguinte trecho:

> *Ao se desdobrar, o projeto molda todo o universo da palavra e da ação, a cultura intelectual e mate-rial. No ambiente tecnológico, a cultura, a política e a economia se fundem num sistema onipresente que engolfa ou rejeita todas as alternativas. O po-tencial de produtividade e crescimento desse sis-tema estabiliza a sociedade e contém o progresso técnico dentro da estrutura de dominação. A racio-nalidade tecnológica ter-se-á tornado racionalidade política* (p. 19)

Nessa identificação entre a totalidade e a tecnologia, a última não pode ser resgatada pelo caráter de neutralidade que se lhe atribui. A técnica na sua própria elaboração, através da operacionalização de conceitos que a constrói, na sua desconsideração pelo particular, já é camufladora das diferenças e contradições existentes:

> ...a fonte tangível de exploração desaparece por trás da fachada da racionalidade objetiva. A decepção e o ódio são privados de seu alvo específico, e o véu tecnológico esconde a reprodução da desigualdade e da escravização (p. 49).

De acordo com o pensamento de Marx, são necessárias duas condições para a alteração do modo de produção capitalista: 1) um mercado mundial; e 2) a pauperização de grande parcela da população. Na época em que Marcuse escreve os textos citados – décadas de 50 e 60, as duas condições estão se realizando:[2] a produção é abundante e o empobrecimento que também "...implica a falta e a indispensabilidade de subverter condições de existência intoleráveis..." (1982, p. 44, nota de rodapé) aumenta, mas é a consciência de uma outra forma de vida que é vetada na sociedade unidimensional, através de sua ideologia que é basicamente a da racionalidade tecnológica.

No entanto, a tecnologia contém a contradição interna desta civilização:

> ...a tendência para a consumação da racionalidade tecnológica e esforços intensos para conter essa tendência no seio das instituições estabelecidas (1982, p. 36).

A primeira dessas tendências levaria a uma mecanização dos trabalhos desumanizantes, diminuindo a labuta e propiciando a emancipação do homem do reino da necessidade, enquanto a segunda milita contra essa modificação. Trata-se, então, de discriminar as áreas de incidência da racionalidade tecnológica e direcioná-la no sentido da libertação.

---

2. Cabe ressaltar que Marcuse se refere aos países do primeiro mundo, nos quais a miséria material foi bastante reduzida, o que o leva a encontrar a miséria na "prisão" contemporânea caracterizada pela sociedade unidimensional.

A IDEOLOGIA DA RACIONALIDADE TECNOLÓGICA

A partir dessa análise da técnica, Marcuse(1982) propõe a reformulação de suas bases através de outro tipo de relação com a natureza que não seja a de aniquilamento, que foi o projeto possível escolhido pela sociedade tecnológica, que se traduz na experiência, na transformação e na organização da natureza como mero material de dominação.

Habermas (1983) retoma essa questão indagando sobre a possibilidade de um projeto alternativo para a ciência e para a técnica na sua forma de lidar com a natureza. Se Marcuse aponta a presença da tecnologia tanto na organização do trabalho quanto na organização social, Habermas (1983) separa o"agir racional-com-respeito-a-fins" da "interação social" para mostrar, entre outras coisas, como a tecnologia se transforma em ideologia na fusão aparente dessas duas esferas.

O agir-racional-com-respeito-a-fins se divide em duas partes: o agir instrumental, que se caracteriza por regras técnicas baseadas no saber empírico, que tem como função organizar os meios para o controle eficaz da realidade e a escolha racional, que é regida por estratégias baseadas no saber analítico. Sua função é, através de regras técnicas e de uma linguagem não dependente do contexto, ampliar o crescimento das forças produtivas. Sua aquisição se dá a partir da aprendizagem de habilidades.

A interação social ou quadro institucional seria caracterizada por uma mediação simbólica e através de normas sociais e de uma linguagem dependente do contexto; teria como função a ampliação da comunicação livre da dominação.

Para Habermas (1983), portanto, há a esfera de produção material, na qual as técnicas e o saber obtidos pela teoria tradicional são fundamentais para a sua evolução e que tem na operacionalização de conceitos científicos e na lógica formal a linguagem independente do contexto, e há a esfera da interação social, que tem regras de ação determinadas pelas instituições sociais: família, escola, igreja, clube etc. As regras da esfera da interação social são arbitrárias e dependem das relações sociais, são sancionadas por autoridades, ao contrário das regras do agir racional, que são delimitadas pela ação sobre a natureza. Quando as regras sociais são desrespeitadas, há falta moral diante da autoridade estabelecida, quando as regras técnicas são infringidas, há fracasso diante da ação sobre a natureza.

O auge do desenvolvimento tanto do agir-racional-com-respeito-a-fins quanto do quadro institucional deve ser atingido em etapas finais do processo histórico, através da crescente racionalização.

A distinção entre essas duas esferas sociais existia claramente, segundo Habermas (1983), nas sociedades tradicionais. Nessas, o quadro institucional predominava nas explicações sobre a realidade e sobre as relações humanas, enquanto o agir racional atuava na produção, na época, bastante restrita. Nas sociedades modernas, o agir racional tem a sua esfera de atuação ampliada, pois a produção passa a exigir um incremento das forças produtivas, enquanto o quadro institucional transmite a idéia da troca justa no mercado livre. Mas o capitalismo liberal traz disfunções no mercado e as contradições sociais logo são afloradas, necessitando de novas instituições e legitimações para que esse sistema possa ser mantido.

Assim, a partir do final do século passado, o Estado se fortalece e amplia a sua intervenção na sociedade, tentando suprir as disfuções do mercado através de uma política de substitutivos, expressa pela garantia de um mínimo de bem-estar social, pela perspectiva de segurança do emprego, pela estabilidade de vencimentos etc.

A função do Estado passa a ser de caráter técnico, não mais destinada à realização de objetivos práticos, uma vez que esses permitem reflexões e ações nem sempre atinentes ao capital. As massas são despolitizadas, pois a solução de questões técnicas não depende de discussões públicas, mas de técnicos especializados. As massas são despolitizadas também pelo papel ideológico assumido pela ciência e pela técnica, que, tidas como bases do progresso social, eliminam a discussão política sobre a condução da prática. A interação simbolicamente mediatizada é substituída por um modelo científico. É o predomínio da técnica sobre a interação social que dá estabilidade ao sistema de dominação.

Com essa forma de explicar a história, Habermas (1983) rompe com o pensamento de Marx de que a história dos homens é a história de suas relações de produção. Essa determinação, segundo esse autor, só é válida (ou tem mais validade) para o capitalismo liberal, período que Marx estudou com detalhes:

> *A ideologia básica da troca justa, que Marx conseguiu desmascarar teoricamente, fracassou na prática. A forma de valorização do capital na economia privada só podia ser mantida pelos corretivos estatais de uma política sócio-econômica que estabilizava a circulação. O quadro institucional da sociedade foi repolitizado. Ele hoje não mais coincide*

A IDEOLOGIA DA RACIONALIDADE TECNOLÓGICA

imediatamente com as relações de produção...Mas, então, uma teoria crítica da sociedade também não pode mais ser formulada exclusivamente em termos de uma crítica da economia política (p. 328).

Outros conceitos de Marx como "luta de classes", "mais-valia" e "ideologia" são problematizados. No capitalismo tardio, Habermas (1983) vê a luta de classes em "latência", a mais-valia impossível de ser calculada, uma vez que é gerada pelo progresso técnico-científico. Quanto à ideologia, ele não a concebe como sendo somente o produto das relações de produção, mas também do quadro institucional, que só perde a sua importância no capitalismo liberal, quando a troca no mercado gera a ilusão da reciprocidade entre os homens. Dessa forma, a ideologia, no sentido em que Marx a entende, só foi possível nesta etapa do desenvolvimento das relações de produção; mesmo a ideologia do capitalismo tardio – a ideologia tecnocrática – já é mais função do quadro institucional, que foi repolitizado, do que das relações de produção.

Essa revisão de conceitos da teoria de Marx implica que Habermas (1983) proponha uma comunicação livre de dominação para libertar o quadro institucional da "invasão" do "agir-racional-com-respeito-a-fins" e, assim, emancipar o homem da dominação pelo homem através da técnica. Não são só os conceitos que são revisados, mas a possibilidade da verdade revelar-se no confronto entre sujeito e objeto. A verdade converte-se, na proposta de Habermas (1983), em um consenso político: *"Contra o Kulturpessimismus de Adorno, é possível afirmar, a partir de Freud, que a falsa consciência é superável, e que o caminho para a sua superação passa pela comunicação política"* (Rouanet, 1987, p. 314).

Para Habermas (1983), o avanço das forças produtivas pode liberar a comunicação e, portanto, o quadro institucional, quando não impõe a sua racionalização àquele. Ao contrário de Marcuse, Habermas deixa a tecnologia intocada como força produtiva, ela não contém em si elementos repressivos, mas torna-se ideológica quando o Estado toma a direção do capitalismo e converte a prática em técnica. Portanto, é libertando-se a prática através de discussões livres de dominação que a tecnologia pode ser colocada a seu serviço. Para Marcuse, o caminho também é político, mas se dá por movimentos sociais que contrariam o desenvolvimento irracional da tecnologia. A visibilidade de conflitos possibilitados pela livre argumentação na concepção de Habermas se dá, segundo supomos na concepção de Marcuse, pelo combate à força dissimuladora da ideologia da racionalidade tecnológica, que ocorre também pela argumentação, mas esta só é livre de dominação após a superação das contradições sociais; antes disso, ela é prenhe de interesses quer da dominação quer das forças que se confrontam com ela.

Marcuse condena a própria tecnologia, na qual a ideologia tornou-se algo inerente; Habermas (1983) critica a invasão da razão técnica nos domínios da comunicação intersubjetiva, separando as duas faces. Portanto, se, para Marcuse, na própria forma de elaboração da técnica estão os germes da dominação, para Habermas (1983) é o predomínio da técnica sobre a comunicação intersubjetiva, ou seja, a transformação dessa em técnica, que garante a manutenção do *status quo*.

Já Lefebvre (1969) propõe que a tecnologia seja investida no cotidiano e para isso aponta a necessidade de se estabelecer prioridades. A técnica em sua ação real não é tão nociva quanto a imagem que ela mesma dá à sociedade. Examinemos, então, à luz do texto desse autor, tanto os efeitos da ação técnica quanto da ideologia que transmite.

A imagem da tecnologia, que é a própria ideologia, é transmitida aos consumidores através dos "gadgets" que se identificam a esses:

> *A pretensa tecnocracia não é tão nociva por sua ação real como pela sua imagem que ela mesma dá à sociedade...Esta ideologia é o produto mental da tecnocracia, sua justificação, a compensação de sua impotência e de sua incapacidade, sua contribuição real à ação do poder. Os pretensos tecnocratas, segundo normas fixadas longe deles e por razões que nada têm a ver com a técnica, dispõem as cidades, os territórios, a circulação, as comunicações, o consumo"* (p. 16).

Assim, a tecnologia é separada da imagem e do uso que dela se faz. Ela é ideológica ao esconder as utilizações políticas que lhe são extrínsecas. É a sua neutralidade que lhe permite ser ideológica. Mas a técnica em si mesma: 1) tende a fechar a sociedade, a fechar os horizontes, invadindo o pensamento e a ação, dando-lhes uma forma de procedimento; 2) ameaça de destruição este mundo fechado; e 3) abre o caminho do Possível, quando é investida no cotidiano.

A IDEOLOGIA DA RACIONALIDADE TECNOLÓGICA   53

Como podemos notar, nas duas primeiras atribuições que dá à técnica, o pensamento de Lefebvre parece aproximar-se do de Marcuse; na primeira e na última, do pensamento de Habermas. De fato, a análise que faz da transformação do desejo em necessidade na sociedade burocrática de consumo dirigido nos reporta à análise de Marcuse feita em *Eros e Civilização*; a análise que faz das noções de "sistema"e "estrutura" nos dirige à análise da racionalização da esfera da interação social feita por Habermas (1983). Mas a sua análise crítica da linguagem, mais especificamente da metalinguagem, parece afastá-lo dos dois.

Para Marcuse (1982), o discurso sobre o discurso, a metalinguagem, é importante para a crítica da realidade unidimensional, uma vez que o discurso operacionaliza e é operacionalizado por esta realidade:

> *Aquele (o conceito) não tem qualquer outro conteúdo que não o designado pela palavra no uso anunciado e padronizado, esperando-se que a palavra não tenha qualquer outra reação que não o comportamento anunciado e padronizado. A palavra se torna um clichê e, como tal, governa a palavra ou a escrita; assim, a comunicação evita o desenvolvimento genuíno do significado* (p. 94-5).

Não é só o real reificado, que é o referente para o conceito operacional, que precisa readquirir a sua outra dimensão, mas, também, o próprio conceito. Neste sentido, o discurso sobre o discurso é importante para, através da crítica, expressar o pensamento bidimensional que contrasta o que é com o devir.

Não obstante, para Lefebvre (1969), a linguagem pode ser tanto coação quanto libertação:

> *Sob a forma do discurso autorizado, estipulado pelo texto escrito, oficializada pelas autoridades e modelos, a linguagem faz parte das coações. Pode ela servir à libertação? Sim, quando escapa às normas, quando se torna 'anômica', quando se transforma em fala. Então, a fala veicula o desejo* (p. 31).

Nesse trecho fica mais clara a distância do pensamento de

Lefebvre (1969) dos outros dois autores. A distância de Marcuse, o próprio autor aponta:

> *A posição assumida por H. Marcuse em* Eros e Civilização *(em particular no posfácio) leva-o ao ceticismo, ao nihilismo de* One dimensional man. *As análises de Marcuse não levam em conta o quotidiano como nível, ainda que seja exatamente disso que ele fala. O* One dimensional man *é o homem irremediavelmente preso no quotidiano* (p. 31, nota de rodapé).

Mas o que Lefebvre (1969) não leva em consideração é que o *one dimensional man* está irremediavelmente preso na totalidade, nas relações sociais petrificadas, no pensamento operacional, no desejo que é negado e na recusa que é impedida. O que deve ser transformado para Marcuse não é só o cotidiano, mas a totalidade.

Já a distância de Habermas (1983) do pensamento de Lefebvre (1969) se dá no momento em que o primeiro estipula um modelo ideal do agir comunicativo, que inferimos, pelo trecho citado de Lefebvre (1969), ser uma das condições que tornam a linguagem uma coação.

A proposta de Lefebvre (1969) para romper com a prisão do cotidiano da sociedade burocrática de consumo dirigido é a da aplicação da técnica na vida cotidiana. E o autor propõe que o início dessa transformação se dê com a reforma urbana; essa deve ser feita com o auxílio das ciências parcelares e como autogestão, transcendendo as formas e as normas da democracia política; deve ser produzida por aqueles que são interessados. O cotidiano deve ser reformado como obra do desejo, deve tornar-se um cotidiano humano.

Mas esta reforma, assim como qualquer outra desejada, encontra obstáculos:

> *A produção de atos, de situações, de qualidades, parece implicar em limites ao mundo da mercadoria, ao poder do dinheiro e do capital, às situações alienantes que tendem para um limite, a saber a redução do 'humano' para o quantitativo, para a homogeneidade, para o maciço, para a sistematização constrangedora, numa palavra para a reificação* (LEFEBVRE, 1969, p. 36).

A IDEOLOGIA DA RACIONALIDADE TECNOLÓGICA   55

Ora, o quantitativo, homogêneo, maciço e sistemático são características das técnicas de produção!

Uma crítica similar à estabelecida por Marcuse em relação à técnica é feita por Lefebvre às noções de sistema e de estrutura, noções estas impregnadas de formalismo como aquela. Critica, particularmente, o sistema lingüístico:

> ...É aqui, entre o sistematizável (o sistema de signos)
> e o não sistematizável (emprego de frases, discursos
> em ato) que haveria o hiato, desnivelamento, cesura
> não articulada. Ao nível mais elevado, o conceito
> de sistema não mais basta. É necessário introduzir
> outros elementos, outros aspectos dos fenômenos
> da linguagem e da comunicação. Talvez seja neces-
> sário, para explorar esses níveis superiores que vão
> até o imaginário, passar no ou pelo translingüístico
> (p. 103-4).

Essa é uma crítica feita aos estruturalistas que pensam sem referencial imediatamente ou mediatamente vinculado aos objetos existentes, mas serve para pensarmos nas ciências que elaboram sistemas teóricos, que são depois expressos pelas técnicas deles derivadas sem referência ao contexto de aplicação. A ação técnica vai adquirindo o seu caráter ideológico quando passa a atuar em domínios que transcendem a ela mesma, tornando-se um sistema fechado.

Em suma, a tese do autor é a de que a técnica, que traz subjacente a si a matemática e a lógica formal, deve ser utilizada em contextos conceptuais que dominem barrando: "...o caminho ao pan-matematismo, bem como ao pan-logicismo, ao formalismo integral, ao panestruturalismo, ao funcionalismo total!" (p. 150). A ideologia que a técnica transmite é a da forma pura, descontextualizada, que despreza a fala do sujeito e não se prende a nenhum referencial específico, convertendo-se em metafísica.

Das relações apresentadas entre a tecnologia e o desenvolvimento social, pelos três autores enfocados, notamos uma concordância no que se refere a estar a tecnologia servindo como ideologia na sua invasão de espaços que não os da produção material. Essa função da tecnologia se dá, para os três autores, na sociedade industrial caracterizada pelos monopólios econômicos, na qual a própria administração científica e burocrática existente nas grandes empresas desper-

56 O COMPUTADOR NO ENSINO

sonaliza tanto o capitalista quanto o trabalhador, entendidos, agora, como peças de uma imensa estrutura.

A ciência e a tecnologia são a base do desenvolvimento industrial e ultrapassam essa órbita direcionando-se para as esferas sociais. As relações humanas tornam-se relações técnicas, relações entre coisas. Se essa reificação já era enfatizada por Marx (1984) no século passado como decorrência do caráter social próprio do trabalho que produz mercadorias, a tecnificação do cotidiano amplia a coisificação humana.

A visão materialista da história de Marx (1984), que associa a relação entre a crescente alienação da classe trabalhadora e a crescente possibilidade de superação dessa alienação, dadas pelas condições mecanizadas do trabalho, encontra o seu impasse nas análises de Marcuse (1981 e 1982) e de Habermas (1983). O primeiro atribui a tendência de paralisia do movimento dialético da história à sociedade unidimensional, que se caracterizava, na época, pela sociedade do bem-estar social, na qual os trabalhadores por serem beneficiados pelo sistema capitalista não se opunham mais a esse, não o colocando em risco. O segundo atribui essa paralisia à intervenção do Estado na economia moderna, que visa a encobrir os conflitos de classes e a regular as disfunções do capitalismo, e ao papel predominante da ciência e da técnica como força produtiva, que substitui, gradualmente, as funções do proletariado na produção. Para Marcuse, a ideologia transmitida pela tecnologia configura-se num projeto de mundo, reduzindo as diversas possibilidades do desenvolvimento histórico a uma só. Para Habermas, a consciência tecnocrática transforma a esfera política em esfera técnica, impedindo a emancipação não só da classe dominada, mas da espécie humana como um todo. Para Lefebvre, como dito antes, a técnica deve ser utilizada para a metamorfose do cotidiano, através de uma reforma urbana voltada para o homem:

> *Dessa forma, a Cidade apreendida e realizada em seu conceito, reestabelecendo num nível mais elevado – utilizando as técnicas, os modelos estéticos do tempo e do espaço, as aquisições das ciências sociais – a unidade rompida pela análise funcionalista, pela estruturação do quotidiano em setores distintos: vida "privada", trabalho, lazeres, dessa forma – dizia – a Cidade é portanto o Possível. A ação estrategicamente orientada na direção desse*

A IDEOLOGIA DA RACIONALIDADE TECNOLÓGICA 57

> *Possível tem um alcance revolucionário. A concepção desse Possível se baseia não na análise do atual, mas na crítica do atual enquanto é ele rompido pela análise, pela ideologia e pela estratégia baseadas no entendimento analítico e não na racionalidade dialética* (p. 166).

Como não reconhecer novamente, em parte deste trecho, o pensamento de Marcuse? A idéia do "Possível", o atual e o virtual, o pensamento analítico emperrando o dialético. De fato, nesse livro, Lefebvre concorda com a tese de Marcuse, mas:

> *Infelizmente, Marcuse duvida cada vez mais da possibilidade de uma sociedade não repressiva. Não propõe nem um projeto, nem um programa; sua posição leva ao niilismo* (p. 157).

Marcuse julga que se a racionalidade não pode servir a todos, então é irracional, o que o leva a não encontrar saídas para a sociedade humana na forma em que essa se encontra, mas propõe algumas estratégias, ora baseadas nos *outsiders*, ora baseadas na reversão do desenvolvimento tecnológico tais como expressas no seguinte trecho:

> *Para os países superdesenvolvidos, essa oportunidade seria equivalente à abolição das condições em que a labuta do homem perpetua, como um poder autopropulsor, a sua subordinação à engrenagem produtiva e, com ela, às formas obsoletas de luta pela existência. A abolição dessas formas é, como sempre foi, a tarefa da ação política; mas há uma diferença decisiva na situação presente. Ao passo que as revoluções anteriores acarretaram um desenvolvimento mais amplo e mais racional das forças produtivas, nas sociedades superdesenvolvidas de hoje, porém, revolução significaria a inversão dessa tendência, eliminação do superdesenvolvimento e de sua racionalidade repressiva. A rejeição da produtividade afluente, longe de constituir um compromisso com a pureza, a simplicidade e a 'natureza', poderia ser um indício (e uma arma)*

de um estágio superior de desenvolvimento humano, baseado nas realizações da sociedade tecnológica (1981, p. 18).

Já Lefebvre (1969), como se pode inferir do trecho citado, aponta para a necessidade de reformas como estratégia de alteração do cotidiano, alteração essa guiada pela técnica, mas sendo essa delimitada conceptualmente. Embora para a realização da Filosofia na prática histórica, as semelhanças e as diferenças entre essas três concepções sejam importantes, para o presente trabalho importa que, juntamente com o avanço tecnológico, a consciência social torna-se também tecnocrática, funcionando com as categorias do entendimento analítico, reduzindo, mas não eliminando, de um lado, a possibilidade de uma consciência livre de dominação e, de outro lado, as possibilidades de transformações sociais que permitiriam a pacificação nas relações humanas, que, por sua vez, ocasionaria a liberdade e a felicidade humanas.

A resposta à questão de como a relação capital-trabalho se conserva com o ingresso crescente de automação nas forças produtivas pode agora ser dada: é através da ideologia. O que não é novidade. Esta se dá nos novos conteúdos que ela veicula: a necessidade de trabalho intenso para o aumento da produção; a tecnologia como solução para todos os problemas. O que ela oculta? A possibilidade de mais tempo livre e de trabalho prazeroso; as alternativas que a prática possibilitaria e as conseqüentes decisões políticas; em suma, a possibilidade de pacificação das relações dos homens com a natureza e dos homens entre si.

Cabe ressaltar que os três autores referidos analisam países do primeiro mundo, que revelam um grande avanço na sua produção capaz de suprir as necessidades básicas de seus cidadãos e, assim, possibilitar outras formas de organização de trabalho e de sociedade. Mas como essas análises se aplicam aos países do terceiro mundo, entre eles, o Brasil? Será necessário passar pelo estágio da sociedade de afluência, na qual um estado burocrático e uma sociedade burocrática dirigem o consumo perpetuando as relações de exploração social, que se escondem por trás de um Estado do Bem-Estar Social? A tecnologia, em países como o Brasil, nos levará no futuro a uma sociedade semelhante a alguns países do primeiro mundo? A primeira questão e a última devem ser respondidas com o auxílio da Sociologia, e a segunda refere-se a uma decisão política. Apesar de não respondermos a nenhuma delas neste trabalho, elas sugerem, por si só, que a utilização de tecnologias tem sempre dimensões sociais e políticas, dimensões essas que serão retomadas ao longo deste trabalho. Ressaltemos por enquanto que: o desenvolvimento da tecnologia é importante para o progresso social; a tecnologia é ideológica no seu próprio processo de elaboração e serve como um instrumento para a dominação social; a tecnologia é ideológica ao se colocar no lugar de decisões sobre a condução da prática e não permitir o desenvolvimento de uma interação comunicativa livre; a tecnologia torna-se ideológica ao converter-se em metafísica, perdendo os seus referenciais no cotidiano.

Até o momento, expusemos as idéias desses autores em relação às possibilidades opressivas e libertadoras da tecnologia no mundo do trabalho. Mas como as transformações sociais influem na subjetividade humana? Como o conflito indivíduo-sociedade ocorre em uma sociedade de alto desenvolvimento tecnológico?

Os estudos sobre a subjetividade humana são valorizados no início deste século tanto pelos adeptos do capitalismo quanto pelos adeptos do comunismo.

Dentro das fábricas, as equipes administrativas tentam reduzir as reivindicações operárias a problemas de motivação e de expressão e, assim, as reclamações operárias são desviadas das condições de trabalho para problemas individuais. Em um estudo citado por Marcuse (1982), por exemplo, uma reclamação como: "Os salários são baixos" é julgada vaga, sem uma definição operacional, o que levou os técnicos da empresa a "aprofundar" o sentido da reclamação, tentando entender as circunstâncias da vida do trabalhador, autor da reclamação. Descobriram que havia uma pessoa da família do trabalhador que estava doente e necessitando ser internada no hospital, por isso julgaram que ele reivindicava melhores salários por motivos pessoais. Assim, uma reclamação, que é uma expressão da relação capital-trabalho, se reduz a uma expressão da circunstância da vida do trabalhador.

Da mesma forma, soluções como o sistema de prêmios dentro de uma fábrica, utilizado por Taylor, segundo Weill (1979), serviram para aumentar a produção, deslocando o problema da remuneração para o desempenho individual. Ou seja, se o indivíduo é competente, ele consegue melhorar o seu rendimento.

Mas enquanto as empresas se utilizavam de conhecimentos

O COMPUTADOR NO ENSINO

psicológicos para aumentar a produtividade e diminuir a insatisfação no trabalho, pensadores do começo do século, comprometidos com a revolução social, buscavam na Psicologia explicações para a sua não ocorrência em vários países após a Primeira guerra mundial, quando as condições históricas avaliadas pelos marxistas eram adequadas para isso. Alguns desses pensadores voltaram-se para a Psicanálise, reduzindo as suas explicações aos fenômenos sociais; entre eles se encontram Adler, Fromm, Horney, Sullivan, conhecidos como neofreudianos. Outros desses pensadores tentaram aplicar os conceitos da Psicanálise e os do materialismo histórico aos fenômenos da cultura, voltando-se às raízes hegelianas do pensamento de Marx, aos fenômenos da cultura. Esses pensadores se reuniram no Instituto de Pesquisa Social em Frankfurt, de onde surge a chamada Escola de Frankfurt.

No entanto, essa volta às raízes hegelianas deve ser delimitada. Na concepção desses autores, a cultura na "sociedade burocrática de consumo dirigido" (expressão de Lefebvre, 1969) é relacionada diretamente à própria produção material, de tal forma que a produção cultural é vinculada ao mercado. Se, no passado, a cultura se expressava na ideologia liberal e, como ideologia, camuflava os conflitos existentes, ela se contrapunha a uma realidade miserável, representando a promessa dos ideais de uma vida humana, ou seja, o seu conteúdo era verdadeiro e a falsidade residia em sua pretensa autonomia. Já na sociedade dos monopólios, a cultura tenta repetir o cotidiano, fixando-o através da indústria cultural, de modo que:

> *Se a crítica materialista da sociedade objetou outrora ao idealismo que não é a consciência que determina o ser, mas é o ser que determina a consciência, que a verdade sobre a sociedade não será encontrada nas concepções idealistas que ela elaborou sobre si mesma, mas em sua economia, a autoconsciência dos contemporâneos acabou por rejeitar semelhante idealismo. Eles julgam seu próprio eu segundo o valor de mercado e aprendem o que são a partir do que se passa com eles na economia capitalista* (ADORNO e HORKHEIMER, 1986, p. 197).

A IDEOLOGIA DA RACIONALIDADE TECNOLÓGICA   61

Assim, não é exatamente o idealismo hegeliano que está em questão, mas a "mercadologização" do homem. Mas se a mercadoria humana reflete a indiferenciação do particular na totalidade, vejamos algumas questões que a concepção freudiana pode suscitar quanto ao progresso tecnológico na relação que estabelece entre o indivíduo e a cultura.

Freud, em alguns de seus textos de cunho social, não aborda especificamente a questão da tecnologia, mas a trata em conjunto com outros elementos da cultura. A cultura, para esse autor, é constituída a partir de renúncias pulsionais e se define como:

> ...a soma integral das realizações e regulamentos que distinguem nossas vidas das de nossos antepassados animais, e que servem a dois intuitos, a saber: o de proteger os homens contra a natureza e o de ajustar os seus relacionamentos mútuos (1978, p. 151).

A cultura é manifestação da natureza humana que se distingue da natureza em geral. Como essa distinção se dá pela renúncia pulsional, o autor aponta para o sofrimento gerado por aquilo que é negado em cada homem, que acarreta a hostilidade contra a cultura.

Aparentemente, os dois objetivos atribuídos à cultura – proteger os homens contra a natureza e ajustar os seus relacionamentos – poderiam ser correspondentes aos propostos por Habermas (1983) para a esfera do trabalho e para a esfera do quadro institucional, respectivamente. No entanto, Freud (1978) mostra que na tentativa de ajustar os relacionamentos humanos encontra-se também parcela de natureza que resiste em cooperar e, assim, as renúncias individuais ocorrem nas duas esferas: na luta contra a natureza, é necessário que a libido seja deslocada de seus objetivos sexuais para a colaboração social; na conservação da cultura, as pulsões agressivas precisam ser controladas e reintrojetadas pelo indivíduo, contribuindo para a formação do superego. O que gera o mal-estar na cultura não é a invasão de uma esfera social por outra, mas algo que a segue com o progresso: o sofrimento gerado pelas renúncias das pulsões que não é socialmente compensado.

O desconhecimento da natureza humana leva às injustiças sociais, mesmo naqueles movimentos que pretendem a emancipação da humanidade de seu estado de menoridade. Não é possível se fazer a

62 O COMPUTADOR NO ENSINO

assepsia do mundo do trabalho ou do emprego da técnica, uma vez que o desejo, ainda que negado, se apresenta em ambos. Se o emprego da razão não pode ser bem sucedido no meio das paixões, não é a negação dessas que liberta aquela, mas o conhecimento de sua existência e de seu conteúdo. Conteúdo esse que não deve ser desprezado, ou colocado em segundo plano, mas interpretado. Assim, a crítica freudiana à cultura, ao que nos parece, se aproxima mais do pensamento de Adorno, Horkheimer e Marcuse do que do pensamento de Habermas.

Para Freud, há conflitos entre os interesses individuais e os da cultura. A meta individual, que é a busca da felicidade, entra em conflito com os objetivos da cultura e não se pode exigir renúncias contínuas sem que alterações ocorram na subjetividade. Dessa forma, temos, de um lado, a necessidade da formação e manutenção da cultura e, de outro lado, as transformações individuais necessárias para que aquela se constitua e se mantenha.

A cultura que se caracteriza tanto por atividades úteis como por atividades aparentemente sem utilidade traz, nesses dois tipos de ação, marcas dos desejos humanos. Assim é que os limites do corpo são ampliados pelas invenções técnicas, a escrita representa a pessoa ausente e a casa, o útero perdido; já a ordem, o asseio, a beleza, são derivados de desejos negados. Mas os desejos, que são afirmados pela técnica, são associados por Freud a desejos de onipotência:

> *Há muito tempo atrás, ele (o homem) formou uma concepção ideal de onipotência e onisciência que corporificou em seus deuses. A estes, atribuía tudo que parecia inatingível aos seus desejos ou lhe era proibido. Pode-se dizer, portanto, que esses deuses constituíam ideais culturais...O homem, por assim dizer, tornou-se uma espécie de 'Deus de prótese'... No interesse de nossa investigação, contudo, não esqueceremos que atualmente o homem não se sente feliz em seu papel de semelhante a Deus* (p. 152-3).

Nesse sentido, o avanço proporcionado pela tecnologia oferece um prazer imaginário, que não compensa os sacrifícios das metas individuais. Mas é importante ressaltar a aproximação que Freud faz do ideal do progresso e do próprio progresso com a religião, que o

A IDEOLOGIA DA RACIONALIDADE TECNOLÓGICA 63

autor caracteriza como uma ilusão construída para defender-se do sentimento de desamparo, ou seja, da falta de um pai protetor. Esta ilusão é uma forma de se defender de um mundo que nos ameaça e gera sofrimentos.

Se a religião ilude o sofrimento real, o progresso da cultura, em seus aspectos técnicos, morais e políticos, também nega a felicidade individual e, dessa forma, se o progresso tecnológico promete a felicidade, certamente é em sentido diferente do de Freud. Para esse, a felicidade, que é a meta de todo indivíduo, se dá pela busca do prazer e pela evitação do desprazer, sendo que esta última é a base para a troca de parcela da felicidade por segurança. A busca do prazer se dá pelo amor e esse prescinde da técnica, quer seja imediato – na busca do gozo sexual –, quer seja mediato – na fusão entre as pulsões sexuais e as inibidas em sua finalidade. Ora, a tecnologia atua a favor da meta negativa do Princípio do Prazer – a evitação do desprazer –, ao tentar dar instrumental para que o homem se proteja da natureza e auxilie na autoconservação humana, mas, uma vez que ela – a tecnologia – age para a consecução dos fins culturais, se contrapõe à felicidade individual, pois essa não é considerada meta prioritária da cultura. Assim, ao mesmo tempo que a tecnologia contribui para que a vida se torne mais segura e confortável, retém em si elementos que perpetuam a insatisfação.

Freud (1978) pergunta se os sacrifícios individuais são compensados pelo progresso da cultura e afirma a injustiça dessa por não atentar para as diferenças individuais. Mais do que isso, o autor aponta para a cegueira cultural, devida à não fixação de objetivos atinentes à condição humana. Indicando a dialética do esclarecimento, Freud critica o progresso, sem contudo negar a sua importância; o preço pago pelo controle da natureza é o sofrimento humano, e a diferenciação humana, através da nossa cultura, é ilusória, pois leva a uma indiferenciação cultural.

Assim sendo, é difícil não relacionar, no pensamento de Freud, o progresso tecnológico com a ilusão. O progresso – como ideal cultural – ilude, tal como uma formação reativa, a destrutividade humana que, como Freud apontou, está presente nas formas mais sutis da cordialidade humana, cuja "máscara" caiu no fascismo, no qual uma cultura avançada tecnologicamente conviveu com a regressão social e psíquica.

De outro lado, se a tecnologia se converte em um fim em si mesmo para a felicidade do indivíduo, é porque ao deixar de ser meio para ser fim tornou os outros indivíduos em meio para satisfazer os seus desejos, transformados em defesa frente ao medo de amar. A personalidade do tipo "manipulador", descrita por Adorno *et al.* (1965), ilustra bem essa tendência.

O progresso tecnológico, portanto, pelo que pudemos inferir do pensamento freudiano, se, de um lado, é fundamental para a auto-conservação humana, de outro lado, contribui de duas formas para o sofrimento: ao nível da cultura, por colaborar com as suas exigências, que não levam em consideração a felicidade individual, e ao nível do indivíduo, por impedi-lo de ter acesso a si mesmo e ao mundo.

Não é possível, nos limites deste trabalho, analisar diversas outras implicações do pensamento freudiano sobre a relação entre a cultura e o indivíduo e nem aprofundar mais aquelas que foram aqui estabelecidas, mas para o nosso objetivo é suficiente frisar que, para Freud, o avanço tecnológico, como um ideal cultural, não é em si mesmo voltado para o bem-estar humano e, mais do que isso, ele representa, também, ao lado de outros ideais, exigências de renúncias que ao que parece não são compensadas.

Freud escreve com base em dados de uma época na qual o controle das pulsões pela moral era forte e o espaço público, que se torna local de produção, não invadia, tal como em nossos dias, o espaço privado, reservado à expressão da subjetividade, aos afetos, às emoções. Se para Àries (1981) a família tinha se convertido no reduto do espaço privado até meados deste século, o que acontece quando a própria estrutura familiar é alterada, fazendo com que a mulher vá ao trabalho, que a educação seja cada vez mais assumida pela escola, ao mesmo tempo em que as casas são invadidas pela Indústria Cultural, através, principalmente, da televisão? O que acontece com a formação do superego, quando as ações e decisões da racionalidade técnica e da burocracia são dadas como sendo anônimas? E o que ocorre em relação aos diversos modelos de autoridade que são oferecidos à criança, quando a autoridade da família é enfraquecida por ter menos responsabilidade pela sua educação?

Para Marcuse (1982), com essas transformações, no lugar do ajustamento individual, passa a ser fortalecida a imitação. Além disso, como a agressão perde os seus objetos específicos, e as identificações são variadas e fracas, o superego não é fortalecido. Nesse sentido, são necessários feedbacks constantes do meio externo para confirmar se as ações do ego são boas ou más.

Dá-se a mimese induzida, pela dificuldade de se introjetar

A IDEOLOGIA DA RACIONALIDADE TECNOLÓGICA 65

modelos de conduta bem delimitados, uma vez que todos os modelos são ofertados como mercadorias de consumo supérfluo. Quase não há mais condições que permitam a constituição do indivíduo em um terreno privado. E assim, segundo Marcuse (1981):

> ...sob o domínio dos monopólios econômicos, políticos e culturais, a formação do superego maduro parece, agora, saltar por cima do estágio de individualização: o átomo genérico torna-se diretamente um átomo social. A organização repressiva dos instintos parece ser coletiva, e o ego parece ser prematuramente socializado por todo um sistema de agentes e agências extrafamiliares (p. 97).

No liberalismo, a natureza particularizada no indivíduo podia, em alguns casos, converter-se num eu (indivíduo) que se contrapunha aos outros constituídos por identificação; no domínio dos monopólios, esta natureza não encontra internamente nada para contrapor-se e dar livre espaço ao "eu". O particular é incorporado às tendências sociais:

> Nessa sociedade, o aparato produtivo tende a tornar-se totalitário no quanto determina não apenas as oscilações, habilidades e atitudes socialmente necessárias, mas também as necessidades e aspirações individuais. Oblitera, assim, a oposição entre existência privada e pública, entre necessidades individuais e sociais" (MARCUSE, 1982, p. 18).

Nessa nova forma social, ditada pelos monopólios, a própria liberdade sexual, segundo Marcuse (1981), se é maior do que nos tempos de Freud, se aproxima mais do mercado e o "charme" das relações sexuais é derivado do "charme" das propagandas. Mais do que isso, a sexualidade humana se converte em potência genital, cercada pela higiene e pelos ditames científicos, aprisionando tanto a libido, que é assim reduzida espacialmente no corpo, quanto os conteúdos subversivos contidos na perversão.

A subjetividade subjugada à totalidade totalitária é reduzida ao ser como modelos e mercadorias. Mais do que nunca, a conversão dos diversos sentidos humanos ao sentido do ter, pronunciada por Marx (1978), torna-se verdadeira.

O COMPUTADOR NO ENSINO

As tendências sociais apontadas por Marcuse são detectadas por Lasch (1983), que analisando os E.U.A., nas décadas de 60 e 70, mostra o desencanto havido com as lutas para mudanças sociais da década de 60 e o abandono das reivindicações sociais, que se transformam na busca de prazeres individuais voltados ao corpo na década de 70. A personalidade típica da década de 70, segundo esse autor, é a personalidade narcisista, que se caracteriza por um medo da dependência, uma sensação de vazio interior, ódio reprimido sem limites. São tipos de características, segundo o autor, que se relacionam com a burocracia, com a proliferação de imagens de ideologia terapêuticas, com a racionalização da vida interior, com o culto do consumismo, com as mudanças da vida familiar.

Mas o narcisismo, nesse caso o secundário, é o retorno da libido do objeto para o ego, tanto devido à repressão externa, quanto pela necessidade que o indivíduo tem de se revestir da libido para suportar a dor de suas feridas e de seus sofrimentos. O indivíduo, em nossa época, tende a voltar-se para si mesmo, porque não consegue satisfazer os seus desejos no mundo externo, e por ser esse uma fonte de intenso sofrimento, segundo Costa (1984).

É a subjetividade que não se permite expressar na interação mediatizada verbalmente, segundo Habermas (1983), para o qual a dissolução do quadro institucional na esfera do agir racional-com-respeito-a-fins é acompanhada por um aumento de comportamento adaptativo, dado pela desestruturação do superego. A interiorização de normas veiculadas pelo quadro institucional é substituída por excitantes externos. Na consciência do sujeito, a distinção entre o agir técnico e a interação desaparece e: "*A força ideológica da consciência tecnocrática confirma-se no encobrimento dessa diferença*" (p. 333).[3]

Do lado da esfera da produção, a mecanização crescente aliena o homem do processo e do produto de seu trabalho, trazendo a promessa da libertação da labuta. Do lado da esfera da subjetividade, a "personalidade" forjada intenciona a perpetuação do mundo do trabalho; a esfera privada, antes reduto da subjetividade, ao se aproximar da esfera pública, torna-se propícia à técnica e converte-se em material de administração científica. Ambas, tornam-se o reino da técnica e do consumo. A subjetividade não podendo voltar-se

---

3. Cabe enfatizar que para os autores citados, nesta parte do trabalho, a subjetividade não é reduzida à esfera social. O desejo não se converte em objeto de consumo, mas as suas possibilidades de manifestação e os objetos de que ele se apropria sim.

A IDEOLOGIA DA RACIONALIDADE TECNOLÓGICA 67

contra o todo, pois, em parte, se sente protegida e beneficiada por aquele, volta-se contra si e contra os outros.

A ação dirigida de fora se torna mais freqüente, e torna-se comum a procura de soluções de problemas internos em técnicos especialistas, que minam assim a autonomia individual.

A ênfase na subjetividade, nas necessidades internas, se dá para torná-las externas ao indivíduo. A solução dos problemas individuais se localiza fora do indivíduo, em técnicas que anulam a fala do sujeito ao confrontá-lo com critérios externos. A emergência da sociedade tecnológica transforma a qualidade em quantidade e a subjetividade em objeto técnico.

Produzida, de um lado, pela esfera pública, com o trabalho fragmentado nas diversas especialidades e nas montagens em série, diluídas na administração científica e burocrática e, de outro lado, pela esfera privada (que está invadida pela pública), fragmentando-se na recorrência a diversos especialistas que a pautam pela normalidade científica, assim como nos diversos modelos ofertados pelos pais, professores, meios de comunicação de massa, a consciência volta-se para o imediato, pois identifica a prática possível com a prática atual submetida à técnica.

E a consciência ligada à imediatez, de um lado, não consegue "suspender" o desejo por muito tempo e selecionar, dentre os diversos objetos possíveis, os adequados para "realizá-lo", facilitando o consumo de simulacros. De outro lado, essa consciência não consegue ser crítica para perceber a distinção entre objetos possíveis para a realização de seus anseios e o que permeia esta distinção.

A consciência passa a não ter outra totalidade possível, além da oferecida pela tecnologia, que não é uma totalidade concreta, mas um sistema abstrato, no qual a concretude é negada em favor de símbolos intercambiáveis entre si, seguindo as mesmas regras imutáveis.

Todavia, a superação dessa consciência tecnocrática não se dá pela eliminação da técnica, mas na sua inserção num projeto que vise a uma outra totalidade possível. Ela – a técnica – deve ser cada vez mais desenvolvida para substituir o homem no trabalho desagradável, deve contribuir para que o homem seja retirado do mundo do trabalho alienado, deve ser utilizada para o conforto humano. Mais do que isso, é importante que o homem incorpore o *savoir faire* da técnica como um produto da cultura humana, para compreender o funcionamento dos objetos oriundos da transformação da natureza. Não se trata, portanto, de negar pura e simplesmente a técnica, mas de estudar a

O COMPUTADOR NO ENSINO

possibilidade de ela vir-a-ser incorporada em uma consciência não tecnocrática, vinculada à noção de totalidade histórica e à sua crítica.

Nesta parte do trabalho, procuramos pensar sobre o conceito de tecnologia como ideologia e a sua vinculação dentro do modo de produção capitalista ligado aos monopólios, ressaltando as suas funções de dominação e libertação no evoluir social. Passemos agora a analisar algumas das possíveis relações entre a tecnologia e o ensino, através de concepções teóricas a respeito das funções sociais da escola.

CAPÍTULO 3

A Escola e a Produção das Estruturas da Consciência

"La incultura, en cuanto mera ingenuidad y simple no saber, permitía una relación inmediata con los objetos, y podía elevarse, en virtud de su potencial de escepticismo, ingenio e ironía – cualidades que se desarrollan en lo no enteramente domesticado – a consciencia crítica; pero la pseudoformación cultural no lo logra" (ADORNO, *Filosofia y superstición*)

As mudanças ocorridas no capitalismo do século passado para este século trouxeram consigo uma nova ideologia que tem mediado a formação de uma consciência necessária para a sua manutenção: a ideologia da racionalidade tecnológica.

Essa ideologia, como afirmam Marcuse (1982) e Habermas (1983), atua diretamente nos processos de produção como elemento das forças produtivas e amplia o seu domínio para esferas que, antes, tinham relativa autonomia frente à produção de mercadorias. O movimento do todo é duplo, envolvendo, de um lado, a sua forma de ser e, de outro lado, a sua justificativa de ser desta forma. Há a racionalização, no sentido weberiano, e há a justificativa desta racionalização, calcada no aperfeiçoamento das condições de vida.

A escola também é racionalizada nesse movimento. De um lado, a diversificação do mercado, acarretada pela necessidade de expansão do capital aliada à modernização tecnológica, necessita de mão-de-obra cada vez mais especializada e, ao atribuir à escola esta função, aproxima-a do mercado, assemelhando-a ao modo de produção da fábrica. De outro lado, a justificativa deste seu modo de ser se dá pela sua identidade com a totalidade: "Se vivemos em um mundo no qual a ciência e a tecnologia constituem a base do progresso social, necessitamos preparar o aluno para que possa contribuir com este progresso e ocupar um lugar no mercado".

Nessa justificativa, a diferença da formação entre técnicos encarregados da manutenção da produção e técnicos voltados para a inovação é abstraída, assim como a diferença entre a formação técnica e a formação do cidadão e, obviamente, a relação capital-trabalho.

Claro, estamos nos referindo a uma ideologia marcante nos países do primeiro mundo, segundo apontam alguns autores (MARCUSE, 1982; HABERMAS, 1983; LEFEBVRE, 1969), e a uma vertente unidimensional, a da dominação e não a da resistência. Quanto ao primeiro limite explicitado, Marcuse (1981) aponta para o deslocamento da dialética capital-trabalho dos países do primeiro mundo, onde está suspensa, para a relação desses com os países do terceiro mundo. Nesses países, além da presença das contradições com os países do primeiro mundo, a contradição capital-trabalho é mais intensa, havendo neles mais alternativas de resistência interna e externa. Quanto à "vertente unidimensional", cabe saber, através das análises feitas por Adorno, Horkheimer, Marcuse e também por Habermas (1983), se ela é da ordem de um pensamento unidimensional, não dialético, o que é difícil de se sustentar frente aos trabalhos desses autores, ou se a sociedade unidimensional é própria do capitalismo dos monopólios e do socialismo burocrático. Ou seja, é o pensamento desses autores ou a sociedade por eles analisada que – no limite – tende a manter a resistência à sua modificação substancial, tornando as próprias possibilidades de libertação em seu contrário? Tendemos à segunda alternativa. O pensamento crítico, calcado na dialética negativa, que resiste ao negar a identidade do particular com o todo, revela a falsidade do todo, que se quer harmônico, e aponta, através do "não ser" atual – o "não indivíduo", a "não cultura", o "não pensamento" – a possibilidade do devir. Se a sociedade tende a integrar a resistência a ela, cabe, em um primeiro momento, ao pensamento, através da crítica, recuperá-la. Como o todo é totalitário, "desparticularizador" do particular, é na sua denúncia que se dá o início do resgate do particular e a esperança de sua modificação.

No que se refere à escola, a sua racionalização traz consigo os diversos elementos da racionalidade tecnológica, ou seja, é calcada na produção em série, que uniformiza os produtores e os produtos através da própria uniformização da produção. A produção é estabelecida separando a elaboração da execução, cabendo aos elaboradores a operacionalização dos objetivos a serem cumpridos,

A ESCOLA E A PRODUÇÃO DAS ESTRUTURAS... 71

os conteúdos a serem transmitidos e, de forma indireta, no caso da educação, os métodos e a avaliação. A relação de seus objetivos com os objetivos do todo torna-se imediata. Para a uniformização requerida há a necessidade de existir, de um lado, um sistema de ensino, e, de outro lado, conteúdos "massificados" e "massificantes". Com isso, a "indústria do ensino" aproxima-se da indústria cultural.

O termo "indústria cultural" foi criado por Adorno e Horkheimer, em 1944. A expressão foi utilizada para se contrapor ao termo "cultura de massa", que denota e conota a elaboração de uma cultura pela massa, que se aproximaria da idéia de cultura popular. Nas palavras de Adorno (1978):

> Em nossos esboços tratava-se do problema da cultura de massa. Abandonamos essa última expressão para substituí-la por 'indústria cultural', a fim de excluir de antemão a interpretação que agrada aos advogados da coisa; esses pretendem, com efeito, que se trata de algo como uma cultura surgindo espontaneamente das próprias massas, em suma, da forma contemporânea da arte popular (p. 287).

A indústria cultural é fenômeno moderno, calcada na divisão trabalho-lazer. É fortalecida pelo desenvolvimento tecnológico dos meios de comunicação de massa e pela concentração econômica e administrativa. Segundo Adorno (1978), ela acaba com a distinção entre cultura popular e cultura superior absorvendo ambas: a cultura popular só tem acesso à indústria cultural em função dos interesses dessa, perdendo sua função de resistência, e a cultura superior é incorporada e vulgarizada, perdendo a sua seriedade.

O usuário da indústria cultural não é o consumidor, mas o patrocinador; tanto os produtos a serem vendidos, quanto a forma de vida veiculada, se complementam. Mas, o termo indústria cultural não deve ser tomado literalmente, mas somente no que diz respeito à padronização dos eventos culturais e à racionalização de sua distribuição. Assim, são feitos diversos programas reduzidos a uma só mensagem e distinguidos os públicos para os quais eles se destinam: a "embalagem" é diferente, os produtos são semelhantes.

A democratização dos bens culturais se dá pelo custo de seu

empobrecimento e, como um todo, não busca a consciência, mas o conformismo:

Através da ideologia da indústria cultural, o conformismo substitui a consciência: jamais a ordem por ela transmitida é confrontada com o que ela pretende ser ou com os reais interesses dos homens (ADORNO, 1978, p. 293).

O que nos importa, nesse conceito, é tanto a idéia da dominação presente na indústria cultural, quanto a "democratização" dos bens culturais, que esconde o seu empobrecimento com e através da padronização.

Adorno, segundo Freitag (1987), considera que a invasão da racionalidade tecnológica na esfera da cultura cria a indústria cultural e a semi-educação, ou educação tecnológica, e são ambas "...*processos de deterioração e dissolução da alta cultura e da educação integral"* (FREITAG, 1987, p. 68), sendo que:

> *O consumo dos produtos da indústria cultural, reforçados pela semi-educação produtiva em escolas e mecanismos informais de divulgação do saber (revistas, best-sellers, fitas, vídeo e tv) não somente nivelam por baixo, como já foi dito, mas podem, até mesmo, produzir a obstrução definitiva dos canais de percepção da verdadeira educação e da educação autêntica* (p. 69).

A semi-educação representa para Adorno, ainda segundo Freitag (1987):

> *...a educação deturpada, massificada, transformada em mercadoria. Os conteúdos educacionais divulgados pelos canais de comunicação de massa, dos quais a própria escola faz parte, são viabilizados pelo mecanismo de mercado e se submete a suas leis. Nesse momento, a educação, outrora o privilégio de elites e membros da intelligentsia, altamente selecionados, reverte-se na anti-educação. A educação, deformada em mercadoria, transforma-*

A ESCOLA E A PRODUÇÃO DAS ESTRUTURAS...   73

se em semi-educação. Uma é inimiga da outra
(FREITAG, 1987, p. 64-5).

Para que a educação volte a ser autônoma, e possa ser um processo de assimilação e elaboração da experiência pela consciência, é importante dar oportunidade de reflexão crítica para a criança pequena e deixar um tempo e um espaço vagos para o adulto refletir em suas horas de lazer.

Para essa direção aponta Marcuse (1981) quando se refere à administração integral do tempo e do espaço do indivíduo e com isso de sua consciência que não pode pensar, pois durante o dia tem o trabalho alienado e à noite, o entretenimento alienado. A vida não pode ser pensada como um fim em si mesmo, mas apenas como um meio de reprodução social e individual, tendo como justificativa a garantia da existência individual e a exaltação dos benefícios da totalidade. O conteúdo a ser pensado é, assim, administrado.

Freitag (1987), ao destacar a posição "pessimista" e, segundo ela, pouco dialética de Adorno, no tocante à educação, contrapõe a idéia de que embora a massificação do ensino e da cultura seja menos nobre do que a cultura e a educação burguesas, ela é, em teoria, mais justa, pois promove o acesso de todos aos bens produzidos por elas.

Claro, o anseio do acesso de todos aos bens culturais e aos bens de produção é próprio de um pensamento preocupado com a emancipação social, mas na análise que a autora faz o próprio conformismo ressaltado por Adorno é relegado a um segundo plano. A forma pela qual esses bens culturais são transmitidos, que se relaciona, de um lado, com a linguagem do meio de comunicação e, de outro lado, com o público massificado, não é inócua. Não se trata, portanto, somente do empobrecimento daquilo que é transmitido, mas, também, da forma pela qual é transmitido. Como veremos nos próximos capítulos, não é indiferente o modo pelo qual se transmite uma mensagem. Deve-se acrescentar ainda que, para Adorno, não se trata de fazer a apologia da cultura frente a uma educação que visa à realidade imediata, mas de poder pensá-la, de forma que, almejando alguma autonomia da realidade, volte-se à produção de bens humanos:

> *Además, no cabe ascender la cultura in abstracto a norma ni a un lhamado valor, pues las protestaciones de tenor semejante, debido a su misma arrogancia, cortan las relaciones de todo lo cultural*

*con el procurar una vida digna de seres humanos
y contribuyen a aquella neutralización de espíritu
que, por sua parte, aniquila la formación cultural*
(*In*: ADORNO e HORKHEIMER, 1971, p. 264-5).

A democratização do ensino é um dos baluartes do pensamento liberal e deve ser reivindicada, especialmente em países como o nosso. Mas os frankfurtianos nos dão elementos para considerar o tipo de ensino que devemos requerer: aquele que, de fato, nos introduza na cultura e assim permita nossa individuação, mantendo a dialética produtor-produto.

Outro autor que se utiliza dos conceitos dos frankfurtianos para pensar a educação é Giroux (1986). Esse autor, embora se baseie nas análises de Adorno, Horkheimer e Marcuse, de forma explícita, tenta transcendê-las, quer pelas críticas feitas a elas, quer pela utilização de conceitos de autores como Gramsci, Foucault e Paulo Freire, que, se se coadunam àquelas, com elas não se identificam.

Curiosamente, o autor propõe o resgate das idéias desses três autores frankfurtianos para pensar a escola, em contraposição às idéias de Habermas, uma vez que essas últimas, segundo ele, já têm sido utilizadas. Enquanto Adorno, Horkheimer e Marcuse negam radicalmente a totalidade, opondo-se à ideologia da racionalidade tecnológica, Habermas (1983), ao separar a racionalidade da esfera do trabalho da esfera da interação social, pode afirmar esta racionalidade e, assim, suas idéias podem ser incorporadas ao cotidiano.

Em parte, isto ocorre, no pensamento de Habermas, porque a alienação social contida no trabalho é afirmada e, assim, na escola, a racionalidade voltada para a competência profissional não é problematizada; e, em parte, porque propõe para a emancipação a liberação da comunicação intersubjetiva da racionalidade tecnológica, que se envolveria com outra racionalidade: a da competência cognitiva, a da competência lingüística; o discurso é calcado na competência, um dos pilares do capitalismo.

Giroux (1986) enfatiza no trabalho dos frankfurtianos a idéia da necessidade da consciência crítica para a libertação de necessidades escravizantes, como condição necessária para a emancipação. Contra o marxismo vulgar, essa postura permite repolitizar o pensamento e a cultura, recuperando-os do positivismo e da indústria cultural, voltando a ter a possibilidade de ser críticos e ter uma ação de resistência. A escola, que se relaciona tanto com o pensamento quanto com a

A ESCOLA E A PRODUÇÃO DAS ESTRUTURAS...   75

cultura, pode ser resgatada e ser percebida não só em função da dominação, mas também da resistência.

E, de fato, em seu texto *"Educação após Auschwitz"*, Adorno acentua a necessidade de a educação se voltar para a autonomia da razão, no sentido kantiano, para que essa possa servir de resistência à pressão da coletividade. Ele dá ênfase à subjetividade, uma vez que são poucas as possibilidades atuais de se modificar as condições objetivas – sociais e políticas –, que são as responsáveis pela violência presente em nossa cultura. O princípio básico de toda a educação, segundo ele, deveria ser o de lutar contra a barbárie.

Assim como Marcuse (1981), Giroux (1986) traça os limites da emancipação através da consciência:

> ...*teoria e crítica compreendem apenas um meio essencial de esclarecer as condições que mantêm a sociedade, e que, em última instância, tais condições não podem ser alteradas através de uma mudança na consciência, mas através da força da ação coletiva* (p. 93).

No pensamento de Giroux (1986), a possibilidade de se ter uma educação crítica que leve a uma educação significativa e a torne emancipatória deve levar em consideração as noções de teoria, cultura e ideologia, tais como foram desenvolvidas pela Escola de Frankfurt. A teoria trazendo a dialética entre o ser e o devir, através da crítica imanente contida na negação; a cultura como um poder de significação e de dominação num mundo alienado; e a ideologia na sua dupla função de revelação e ocultação das contradições sociais, que age na esfera psíquica e na esfera social.

Adorno em *Educação e Emancipação* dá o sentido de emancipação, que é o mesmo apontado por Kant: livrar-se da menoridade, pensar por si mesmo. Essa liberdade da menoridade, contudo, como Adorno expressa em outro texto (*Teoría de la seudocultura*), não pode prescindir da individuação, que por sua vez remete à apropriação subjetiva da cultura. Fazer uso da razão, portanto, não a reduz às categorias do entendimento, isto é, o sujeito, necessita também do envolvimento com o objeto, cuja forma e conteúdo não podem ser previstos de antemão. É necessária uma determinada liberdade frente ao objeto para poder apreendê-lo em seu próprio movimento, para que ele possa ser percebido além da serventia que tem para nós. Na crítica que Adorno e Horkheimer (1986) fazem do esclarecimento regredido ao mito, a relação do poder com o saber, e assim da alienação daquele que sabe sobre o objeto dominado, é explicitada:

> *O preço que os homens pagam pelo aumento de seu poder é a alienação daquilo sobre o que exercem o poder. O esclarecimento comporta-se com as coisas como o ditador se comporta com os homens. Este conhece-os na medida em que pode manipulá-los. O homem da ciência conhece as coisas na medida em que pode fazê-las. É assim que seu em si torna para ele. Nessa metamorfose, a essência das coisas revela-se como sempre a mesma, como substrato da dominação* (p. 24).

Mas o autor não deixa de tecer críticas aos pensadores que toma como base. Esses, segundo ele, não chegam a uma noção satisfatória de dominação, pois não ressaltam suficientemente a resistência a ela; superestimam a integração do indivíduo na cultura e não têm uma teoria adequada de consciência social.

Apesar da relevância do trabalho de Giroux (1986), tanto no que diz respeito à discussão que faz dos conceitos da teoria crítica quanto no que se refere à sua proposta educacional, que será explicitada mais à frente, cabe ressaltar que ele nega um dos aspectos centrais daquela teoria – a negação, a recusa da aceitação da integração a uma totalidade tecnológica. Essa negação não é algo que se combine dialeticamente no cotidiano, com o preço de, com sua inserção, trair a promessa de liberdade. Quanto às suas críticas expostas no parágrafo acima, podemos dizer que: a noção de consciência social dos frankfurtianos não é o suficientemente distinta daquela apresentada por Hegel e por Marx, ou seja, consciência das contradições da realidade, mas é acrescida dos conhecimentos fornecidos pela psicanálise sobre o inconsciente e a sua relação com o consciente; a idéia de dominação, que apresentam os frankfurtianos, certamente se estende também à dominação da natureza, em especial àquela que se revela nos indivíduos e nas relações sociais, além do que, como já foi dito antes, Adorno propõe explicitamente a autonomia da razão como forma de resistência; quanto à superestimação da integração do indivíduo à realidade por eles criticada é algo que deve ser testado empiricamente.

A ESCOLA E A PRODUÇÃO DAS ESTRUTURAS... 77

Como vimos anteriormente, para Marcuse (1981), o progresso tecnológico deve ser sustado e repensado em uma direção racional. O mesmo pode ser inferido do pensamento de Adorno e Horkheimer (1986), para os quais deve-se recuperar a dimensão libertadora do esclarecimento, que só pode se dar com a renúncia de um controle total sobre a natureza, que implica um controle total de si mesmo. Assim, a colocação de Giroux (1986) de que a educação,

> *enquanto parte de uma esfera pública alternativa, ela organiza e usa, sempre que possível, a tecnologia da ciência, e os meios de comunicação de massa para promover o diálogo e formas democráticas de comunicação* (p. 309)

é de difícil aceitação dentro do enquadre frankfurtiano, dadas as suas críticas ao positivismo e à indústria cultural. Parece-nos que a posição de Giroux (1986) não é a da Teoria Crítica, e esta colocação é feita não no sentido de criticar a sua teoria, mas a de tentar delimitá-la, pois não deixa de ter fascínio para os educadores a afirmação da escola como local de emancipação.

Dentro da perspectiva da teoria crítica, do que vimos até aqui, parece-nos que a escola deve ser negada na sua integração à totalidade que, assim, transmite a imagem de uma falsa harmonia. Deve ser negada não nas suas possibilidades emancipatórias, mas na ilusão que transmite de favorecer a autonomia em um mundo que suscita o seu oposto.

Para contrastar com essa visão, ressaltemos outras teorias que pensam a relação escola-sociedade.

Os autores que discutem as relações entre a escola e a sociedade, delimitando as suas funções explícitas ou implícitas, podem ser divididos em dois grupos. Um grupo formado por aqueles que, concebendo a sociedade como um todo orgânico e funcional sem divergências internas, propõe para a escola a função de dar continuidade àquela ou, então, de aperfeiçoá-la. Outro grupo formado por aqueles que, concebendo a sociedade como um produto de transformações ocorridas na história das relações de produção, vêem na escola um local onde as divergências de interesses de classes sociais antagônicas se defrontam e/ou se reproduzem.

A seguir faremos uma breve exposição de algumas tendências dentro dessas concepções. Na concepção funcionalista, salientaremos

O COMPUTADOR NO ENSINO

os enfoques tradicional e liberal; na concepção marxista, os enfoques considerados crítico-reprodutivistas e crítico propriamente dito. Como existem diversos textos que expõem e confrontam as idéias contidas nessas concepções, limitar-nos-emos a resumir alguns de seus aspectos relevantes para este trabalho.[1]

A primeira concepção entende que a escola deve servir tanto ao indivíduo quanto à sociedade, dando condições de vida social ao primeiro e condições de desenvolvimento à segunda. A educação, de uma forma mais ampla, e a escola, em particular, servem de mediação entre o indivíduo e a sociedade, aperfeiçoando a ambos.

Durkheim, que parece dar a base filosófica a esse grupo, entende que a sociedade não é a mera soma de indivíduos e deve ser estudada como um objeto em si mesma, e que as semelhanças e as diferenças individuais necessárias para o avanço social são dadas pela educação. O papel da escola é o de transmitir o cabedal de conhecimentos e experiências das gerações mais velhas para as mais novas; essa impõe ao indivíduo os seus conhecimentos, a sua visão de mundo, para torná-lo social. A educação, nessa perspectiva, age de forma a manter o equilíbrio social. O indivíduo, naturalmente egoísta, através da educação, torna-se altruísta, voltando-se para a ação social de maneira a perpetuar a sociedade.

Nesse enfoque da educação:

> ...as noções de conflito e ideologia desaparecem..., e a questão do abuso ou negligência do poder, tanto dentro como fora das escolas se evapora por trás de uma visão estática e reificada da sociedade maior. Conseqüentemente, os alunos são definidos em termos comportamentais reducionistas, e a aprendizagem é reduzida à transmissão de conhecimento pré-definido (GIROUX, 1986, p. 74).

---

1. Como existem diversos textos que expõem e confrontam as idéias contidas nestas concepções, sem que haja discordâncias fundamentais entre eles, limitaremos, neste trabalho, a resumir alguns de seus aspectos relevantes. Os textos que serviram de base para esta caracterização foram: FREITAG, B. *Escola, Estado e Sociedade*. São Paulo: Moraes, 1980; GIROUX (1986), *Teoria Crítica e Resistência em Educação*. Petrópolis, Vozes, 1983; PATTO, M. H. S. *Psicologia e Ideologia: uma introdução crítica à Psicologia Escolar*. São Paulo: T.A. Queiroz, 1984; SAVIANI (1984), D. *Escola e Democracia*. São Paulo: Cortez, 1984.

A ESCOLA E A PRODUÇÃO DAS ESTRUTURAS...   79

A relação escola-sociedade não é problematizada, mas vista de forma harmônica. O correlato disso é que a formação dos alunos pode ser objetivada. As descobertas científicas da Psicologia Educacional, de base positivista, fornecem os elementos para que a produção de formados se dê de maneira adequada. Ora, a própria ciência, voltada para a educação nos moldes tradicionais, sofre a influência, desde o início do século, do modelo de produção em série das fábricas. Essa forma de conceber a escola tem raízes fora dela (ver KVALE, 1975). A racionalidade tecnológica que visa ao aperfeiçoamento da transmissão do conhecimento existente nesta concepção é correlata da racionalidade positivista, que influenciou a criação dos sistemas de ensino. Se a função da escola não é só a transmissão de informações objetivas, mas também a de valores considerados objetivos, sem que se pergunte quem selecionou os conhecimentos e os valores a serem transmitidos e se no sistema educacional há a divisão de trabalho entre a elaboração e a execução, o ingresso da tecnologia de ensino (televisão, projetor de slides, filmes, gravador e computador) vem aperfeiçoar aquilo que já existe. Mas, assim, a alienação também se aperfeiçoa.

Já a tendência liberal, representada por Dewey e Mannheim, em oposição aparente à tendência tradicional, entende a escola como instituição importante para aperfeiçoar um sistema social democrático:

> À teoria dos dois autores está subjacente a concepção de sociedades empiricamente imperfeitas, contraditórias, conflituosas, não (perfeitamente) democráticas. No caso de Dewey a democratização global será alcançada pela ação da escola que "educará para a vida". Quanto a Mannheim essa democratização se dará mediante estudo científico meticuloso das condições societárias vigentes (tarefas da ciência) (FREITAG, 1980, p. 23).

Dewey e Mannheim vêem na escola a função de desenvolver as faculdades individuais em ocupações que tenham um significado social e, além disso, de inculcar nos alunos os valores da democracia, para que essa possa ser fortalecida. Assim, além da transmissão de conhecimentos, a escola deve funcionar como propagadora de valores. A educação deve desenvolver as potencialidades distintas dos indivíduos e, através da democracia, garantir que as oportunidades

80 O COMPUTADOR NO ENSINO

de trabalho sejam iguais para todos. Dessa forma, a sociedade é vista como um todo e as suas disfunções podem ser sanadas através da educação, notadamente pelas suas duas funções: propagação de conhecimentos e inculcação de valores.

A escola tem, então, uma função positiva ao afirmar a transmissão de conhecimentos e/ou a forma pela qual devem ser transmitidos. Nesse sentido pode propor métodos de ensino. Mas quando algo é afirmado, traz consigo suas negações internas, exprimindo outras possibilidades que, se vingadas, destruiriam o afirmado, segundo Marcuse (1982). E o que é afirmado nega também a realidade que o determina quando age de forma ideológica. Vejamos, brevemente, como esse processo ocorre tanto com o método tradicional de ensino quanto com o método proposto pela Escola Nova, que está mais relacionado ao enfoque liberal.

O método tradicional de ensino, que diferencia o papel do professor – aquele que conhece e pode transmitir o saber – do papel do aluno – aquele que desconhece e deve receber o saber – afirma o conhecimento obtido pela filosofia e pela ciência e utiliza-se dos resultados obtidos por essas como conteúdo. Ao afirmar esse conteúdo como neutro, nega simultaneamente tanto o saber do aluno sobre esse conteúdo, que pode ser distinto daquele que é transmitido, como a dependência da produção desse saber das condições sociais em que foi estabelecido. Já o método de pesquisa-ensino proposto pelos escolanovistas, segundo Saviani (1984), ao afirmar a possibilidade de aprender através do método científico e a necessidade do aluno incorporá-lo, nega o saber do professor e o saber do aluno, que ficam sob a dependência desse método.

Mas o que é negado por ambos os métodos são as outras funções da escola que contribuem para o ocultamento do conflito de classes sociais, ou seja, da contradição social. Essa contradição é negada tanto pela forma de transmissão de conteúdo quanto pelo próprio conteúdo transmitido. Partem da concepção idealista de que são as idéias que modificam o mundo.

Claro, o fato de o ensino passar a se voltar para a formação de mão-de-obra, ou seja, tornar-se profissionalizante, permitiu a sua racionalização técnica. Mas a apresentação do conteúdo voltado ao trabalho, que poderia ser benéfica, é feita sem vínculo com as relações de produção e com a sua gênese, de tal forma que a divisão trabalho manual – trabalho intelectual não é problematizada.

Já os teóricos críticos da escola, baseados nos conceitos

A ESCOLA E A PRODUÇÃO DAS ESTRUTURAS... 81

formulados por Marx, tentam desvendar o que ocorre implicitamente à transmissão do saber, calcando as suas análises tanto no conteúdo transmitido quanto na estruturação que o sistema de ensino tem em uma sociedade capitalista.

Marx (1978), contrapondo-se à explicação hegeliana do desenvolvimento do Espírito, mostra que a origem das idéias se dá nas relações de produção e que a reprodução social ocorre auxiliada, também, pelas instituições da superestrutura social. Em outras palavras, a infra-estrutura social determina a superestrutura social, que, além de se reproduzir, dá elementos àquela para a sua manutenção. A escola, entre outras instituições sociais, teria como função a de ajudar na reprodução da dominação social, através da sua ocultação.

Gramsci, conforme Freitag (1980), reformula o conceito marxista de Estado, dividindo-o em sociedade política e sociedade civil. A sociedade política, constituída pelo governo, tribunais, exércitos e polícia, concentraria o poder repressivo da classe dominante. A sociedade civil, constituída por igrejas, escolas, sindicatos, entre outras instituições, seria o local no qual a classe dominante tentaria obter o consenso da classe oprimida, difundindo uma ideologia unificadora. Na sociedade civil, além da ideologia dominante, estariam presentes contra-ideologias e, nesse sentido, a escola poderia evidenciar esse conflito, não sendo mera reprodutora da ideologia das classes dominantes, mas palco da luta de classes.

Para auxiliar na superação desse conflito, Gramsci (1982) propõe a:

> ...escola única inicial de cultura geral, humanista, formativa, que equilibre equanimemente o desenvolvimento da capacidade de trabalhar manualmente (tecnicamente, industrialmente) e o desenvolvimento das capacidades de trabalho intelectual (p. 118).

Assim, a escola redimensionada em seus objetivos e estrutura colaboraria com a transformação social ao integrar o trabalho manual com o intelectual:

> O advento da escola unitária significa o início de novas relações entre trabalho intelectual e trabalho

82   O COMPUTADOR NO ENSINO

> *industrial não apenas na escola, mas em toda a vida social. O princípio unitário, por isso, refletir-se-á em todos os organismos de cultura, transformando-os e emprestando-lhes um novo conteúdo* (p. 125).

Se a sua proposta traz um novo vir-a-ser da escola, resta saber se os limites da cultura, provenientes do modo de produção existente, permitiriam a sua realização. Nesse sentido, essa escola deve ser buscada como um ideal que aponta os limites e as contradições dessa sociedade, pois a sua existência implicaria a superação do capitalismo, a não ser que a proposta seja feita em abstrato, o que a tornaria mais um "ticket cultural" a ser consumido.

Althusser, segundo Patto (1984), considerado, assim como Establet e Bourdieu, teórico crítico-reprodutivista, por dar ênfase à escola como reprodutora das relações de produção, vê o Estado como órgão representante da classe dominante e caracteriza as instituições desse ou como Aparelhos Repressivos do Estado (polícia, exército) ou como Aparelhos Ideológicos do Estado presentes na sociedade civil, entre os quais classifica a escola. Essa reprodução das relações de produção se dá por uma dominação cultural que se caracteriza por uma representação de mundo que nega as contradições sociais, ou seja, a escola transmite uma ideologia que torna os alunos alheios à exploração presente nos processos de produção. Mas Althusser também reconhece que a escola age na reprodução da força de trabalho ao qualificá-la e que, com isso, contribui para o avanço das forças produtivas.

Já Bourdieu e Passeron, de acordo com Patto (1984), vêem a escola como um poder coercitivo, mas relacionam aquilo que é por ela transmitido à ocultação de conflitos sociais. A "violência simbólica" se dá por tornar uma visão de mundo existente entre diversas possíveis e relacionada à classe dominante como a única possível e por sua imposição, através da ação pedagógica, aos alunos. Nesse sentido, a classe dominada teria as suas visões excluídas e invalidadas.

Por fim, entre os teóricos considerados crítico-reprodutivistas, vejamos, brevemente, as idéias de Baudelot e Establet. Esses autores, através da análise do sistema de ensino francês, mostram que a escola, embora se pretenda homogênea como sistema, diferencia-se segundo a quem é destinada em duas redes: a primária-profissional (PP) e a secundária-superior (SS). A rede PP seria destinada à classe trabalhadora e teria duas funções: inculcar nos futuros trabalhadores

A ESCOLA E A PRODUÇÃO DAS ESTRUTURAS... 83

as técnicas rudimentares e indispensáveis para a adaptação ao maquinário da indústria e transmitir uma ideologia pautada em termos do progresso e da promoção individual.

Cunha (1980) expõe o pensamento dos autores:

> *A escola ensina aos alunos da rede PP quais são as necessidades deles, sujeitando as necessidades próprias do proletariado às necessidades do capital. A classe proletária tem, realmente, necessidades: desde a de subsistir, reproduzindo-se materialmente, até a de desempenhar um papel autônomo na sociedade. São essas necessidades que o ensino Primário-Profissional procura submeter aos interesses da burguesia, pela ação dos intelectuais formados pelo ensino Secundário-Superior, que têm como parte de suas atribuições a definição das necessidades (que a burguesia tem) dos trabalhadores (p. 29).*

Já a rede SS é destinada às crianças e aos jovens provenientes da pequena burguesia:

> *Ela tende a desenvolver neles o desprezo para com o trabalhador, definindo esse negativamente, com referência à escola, como mau aluno, preguiçoso, bagunceiro e outros estereótipos depreciativos (p. 28-9).*

Nenhuma das visões dos teóricos da educação, quer as classificadas como tradicionais, quer as classificadas como crítico-reprodutivistas, colocam no centro de suas análises o ingresso da racionalização na escola. Ao contrário, a ênfase dada à transmissão de conhecimentos objetivos é ressalvada por diversas teorias da educação, na sua função de colaborar com o avanço das forças produtivas, o que facilita ou legitima a presença da racionalidade tecnológica na escola, de forma semelhante à da fábrica. Com isso, a própria opressão do desenvolvimento tecnológico explicitado por Marcuse (1982) não é problematizada.

Além disso, entendidas como empresas, as escolas admitem um enfoque sistêmico, que permite dizer ao professor o que e como

84 O COMPUTADOR NO ENSINO

ensinar. O Estado passa a ter maior controle sobre o ensino. Os professores passam a ser meros agentes reprodutores do conhecimento, e os alunos, meros depositários desse conhecimento. Se, por um lado, a transmissão do conhecimento objetivado passa a ser planificada pelo Estado, por outro lado, introduzem-se novos instrumentos para o ensino. Alguns desses instrumentos – máquinas de ensinar, instrução programada, tele-ensino – tentam ao máximo diminuir a ambigüidade daquilo que é transmitido, reduzindo a tensão entre o resultado da ação e a sua compreensão. Entenda-se, a compreensão, neste trabalho, não diz respeito somente ao entendimento da ação, mas à sua localização no processo social.

Em suma, dentre as concepções que pensam as relações escola-sociedade, mesmo aquelas consideradas críticas não problematizam os meios que transmitem o conhecimento e o conhecimento transmitido por esses, de forma simultânea. E nenhuma delas pensa diretamente na presença e nos efeitos da racionalização social sobre a escola. Se isso é coerente com as tendências tradicional e liberal, que almejam, em maior ou menor grau, a continuidade e o aperfeiçoamento do sistema escolar e do sistema social existentes, é contraditório com as tendências consideradas críticas, pois deixam de considerar de forma contundente as novas relações existentes entre a infra-estrutura e a superestrutura social devidas ao capitalismo dos monopólios.

Esse tema será considerado mais à frente, posto que ele traz considerações específicas dos frankfurtianos e retoma a contraposição entre Marcuse e Habermas. Por ora, nos voltaremos para o termo crítico-reprodutivista, que, de certa forma, pode ser aplicado à teoria crítica.

O termo "crítico-reprodutivista" é empregado para caracterizar os críticos que não consideram, dentro de suas análises, o movimento social que confronta o poder instituído e, nesse sentido, não manterem a unidade dos contraditórios. Ou, em outras palavras, para aqueles que são críticos, mas deixam de ser dialéticos.

Conforme explicitamos neste trabalho, a crítica tem como função afirmar e negar simultaneamente a realidade e, nesse movimento, reestabelecer a verdade na história. Já o "reprodutivismo", contido na expressão, refere-se à não percepção do movimento dos contraditórios, que, no caso da escola, seria o de perceber nessa o movimento simultâneo de fortalecer e minar a ideologia dominante.

A escola, obviamente, deve ser situada dentro do processo

A ESCOLA E A PRODUÇÃO DAS ESTRUTURAS...   85

histórico com as funções específicas que ela tem em cada momento. Uma dessas funções, no século passado, era, segundo Marx (1984), a de compensar os efeitos da indústria sobre os trabalhadores. Ele cita Adam Smith, que reconheceu o processo de embrutecimento e "emburrecimento" dos operários, acarretado pelas condições da fábrica mecanizada e que dá a sugestão para que a escola atenue esses efeitos fabris nos filhos dos operários, o que de fato veio a ser uma das reivindicações do movimento operário.

Mas Marx e Engels (1978) não aprovavam a escola de período integral e desvinculada do trabalho, tal como era oferecida para os filhos da burguesia. Seu ideal de escola era calcado na união do trabalho produtivo com o saber transmitido por aquela:

> *Como se pode observar, até nos pormenores, em Robert Owen, o sistema de fabrico fez nascer o germe da educação do futuro, que combinará para todas as crianças acima de determinada idade o trabalho produtivo com a instrução e a ginástica, não apenas como método para aumentar a produção social, mas como o único método para produzir homens desenvolvidos em todos os sentidos* (p. 204).

Mas essa deve ser a escola do futuro, e, na época, Marx e Engels (1978), segundo Dangeville, entendiam o ensino da seguinte forma:

> *A escola representa portanto, sob o capitalismo, uma arma poderosa de mistificação e de conservação entre as mãos da classe capitalista. Tem tendência para dar aos jovens uma educação que os torna leais e resignados ao sistema atual, e os impede de descobrir as suas contradições internas* (p. 36-7).

Mas, mais do que isso, alegam esses pensadores:

> *A educação burguesa parte... de um princípio abstrato da produção, o do iluminismo da Razão, que é oposto ao materialismo dialético. Assim, coloca na base da ação humana o saber 'que se aprende', ou seja, um conceito que está separado da vida imediata do grande número* (p. 59, nota de rodapé).

86 O COMPUTADOR NO ENSINO

Em relação a ser a escola um lugar onde a conscientização das contradições sociais possa ser obtida, dizem-nos Marx e Engels (1978):

O ensino burguês evoluiu segundo as necessidades ditadas pelo nível de desenvolvimento da indústria que explora os proletários. Esses nada têm portanto a esperar dele. De fato, é noutro lugar que encontram as condições tanto materiais como intelectuais da sua emancipação, sendo o proletariado necessariamente o mais sensível ao movimento material da sociedade para a dissolução da sua forma capitalista (p. 69, nota de rodapé).

Na concepção marxiana, então, a escola no sistema capitalista: a) tem funções ideológicas; b) não é local para a emancipação nem intelectual nem material do proletariado. De outro lado, Marx e Engels (1978) reconhecem na escola um lugar privilegiado para o desenvolvimento de aptidões humanas. Parece-nos, portanto, que a dialética da escola se dá, para esses autores, entre o que ela é e o que potencialmente deve vir-a-ser. Isso não significa que na escola não haja conflitos de interesses de classes que possam se manifestar na rebeldia de alunos e professores frente ao instituído, mas essa é antes fruto do que semente de modificações na esfera da produção.

A crítica aos crítico-reprodutivistas se estende, principalmente, à questão de eles não conceberem a escola como um instrumento de libertação da classe dominada. Quanto a essa questão, pensamos que a última explicitação do pensamento de Marx e Engels (1978) sobre o ensino burguês responde-a: a escola "libertadora" dos potenciais humanos pertence a outro momento histórico que não o do capitalismo.

Essa visão não deixa de ser dialética, pois não nega a escola como sendo uma instituição importante para o pleno desenvolvimento humano, ela contém germes que apontam para este vir-a-ser. Mas a escola que dê ao homem uma visão de totalidade da produção social não pode se dar neste momento histórico. Da mesma forma, atribuir à escola o papel de iniciar o proletariado nos códigos da cultura dominante é afirmar um saber "em si" que só pode se tornar um "para si" no momento em que há consciência de classe, o que não significa que não existam momentos em que isso possa ocorrer, mesmo frente à avassaladora tendência que os nega.

A ESCOLA E A PRODUÇÃO DAS ESTRUTURAS...   87

A concepção de uma escola que ao mesmo tempo afirma e nega a sua função ideológica, como vimos, surge a partir das idéias, entre outros, de Gramsci.

Freitag (1980), baseada nas idéias de Gramsci, escreve:

> *A função hegemônica está plenamente realizada, quando a classe no poder consegue paralisar a circulação de contra-ideologias, suscitando o consenso e a colaboração da classe oprimida que vive sua opressão como se fosse a liberdade. Nesse caso houve uma interiorização absoluta da normatividade hegemônica (p. 38).*

E mais à frente:

> *Pois a dominação das consciências através do exercício da hegemonia, é um momento indispensável para estabilizar uma relação de dominação, e com isso as relações de produção. Por isso a estratégia política da classe oprimida deve visar também o controle da sociedade civil, com o objetivo de consolidar uma contra-hegemonia (p. 38).*

Contudo a crítica à ideologia é algo que tenta mostrar a distância entre aquilo que a ideologia diz e aquilo que acontece, e surge com o avanço das forças produtivas. Apesar de que, como enfatizamos, o próprio desenvolvimento dessas forças colabora para que a função hegemônica da classe dominante se dê.

O capitalismo monopolista tem características distintas daquele analisado por Marx, e nesse, como dito anteriormente, as contradições são cada vez mais sustadas, mas não superadas. Dentro desse quadro é claro que a consciência crítica deva ser recuperada, e a escola é um local para isso, mas, para tal, ela deveria se desvincular da totalidade que a medeia, para assumir uma maior autonomia, visando à outra totalidade.

O nosso intento, ao discutirmos o termo "crítico-reprodutivista", é o de recuperarmos as dimensões das críticas que são assim conceituadas, não é o de negarmos que na escola, assim como em outras instituições da sociedade civil, haja espaço para outras expressões de pensar. Isso se evidencia quando pressupomos que, ao mesmo tem-

88 O COMPUTADOR NO ENSINO

po que a escola transmite ideologia, permite o acesso aos bens culturais que, como produtos humanos, devem ser adquiridos; mas o espaço entre essa concepção e a que vê na escola burguesa a possibilidade de conscientização das contradições sociais é grande. Essa possibilidade, de fato, existe, mas é diminuta, particularmente na atualidade, na qual a escola assume as características de uma fábrica, aumentando a integração à sociedade existente.

Nesse sentido, uma escola tradicional, pelo seu anacronismo, pode ser mais crítica do que uma escola moderna, por representar um passado que não foi superado, mas negado. Não se trata de passadismo e, sim, de recuperar ideais culturais abandonados. No saber que tenta transcender aquilo que o condiciona, tendo a consciência desse condicionamento, se apresenta a semente da liberdade.

Giroux (1986) alega que a perspectiva crítica-reprodutivista acaba considerando a ação humana de forma semelhante às perspectivas tradicionais, dando primazia à estrutura social, ou seja, ao sistema social, desmerecendo a sua contrapartida que a nega e que permite o movimento da história. De fato, parece-nos que a crítica é pertinente, mas se os aspectos levantados pelos crítico-reprodutivistas não forem levados em consideração, as reivindicações dos pensadores "progressistas" podem se aproximar das concepções liberais. Além do que, a visão de que a história está "paralisada" pode ser um diagnóstico correto da modernidade.

Em suma, a escola é, dentro do capitalismo dos monopólios, instância importante tanto para a reprodução das forças produtivas quanto das relações de produção. É importante também para a formação da consciência crítica, mas essa última só pode se dar pela negação de sua homogeneização e integração ao todo. Isso pode ocorrer através da problematização da escola em diversos níveis: no nível didático, com a preocupação do conteúdo e com a forma pela qual é transmitido; no nível pedagógico, pensando-se a relação professor-aluno; e no nível sociológico, refletindo-se a relação escola-sociedade. Para ser emancipatória, a escola deve guardar certa distância do todo, para perceber e se contrapor à determinação desse sobre ela.[2]

---

2. De fato, é melhor ter escolas do que não as ter, mas a forma em que se encontram deve ser refletida. A negação da escola, enquanto libertadora, refere-se à identidade que assumiu com o todo. Assim, ao negar-se essa escola, nega-se também o todo. A libertação deve preceder a liberdade, ou seja, a consciência da liberdade é necessária para não se passar para outro estado de dominação; dessa forma, a consciência da escola libertadora deve preceder a própria. Mas, essa consciência

A ESCOLA E A PRODUÇÃO DAS ESTRUTURAS...   89

A homogeneização da escola pelo todo parece ser maior nos países do primeiro mundo do que aquela que ocorre nos países do terceiro mundo, mas nesses últimos ela também ocorre; se quisermos romper a unidimensionalização, devemos confrontá-la. Essa homogeneização é mais evidente nas propostas da Pedagogia Tecnicista, que será abordada a seguir.

Dentre as concepções acríticas da escola, Saviani (1984) classifica a Pedagogia Tradicional, a Pedagogia da Escola Nova e a Pedagogia Tecnicista e as situa na história brasileira.

A Pedagogia Tradicional se caracteriza, segundo Saviani (1984), pela centralização no papel do professor, que deve organizar e transmitir de forma logicamente sistemática o acervo cultural:

> *Seu papel (o da escola) é difundir a instrução, transmitir os conhecimentos acumulados pela humanidade e sistematizados logicamente. O mestre-escola será o artífice dessa grande obra. A escola se organiza, pois, como uma agência centrada no professor, o qual transmite, segundo uma gradação lógica, o acervo cultural aos alunos. A estes cabe assimilar os conhecimentos que lhes são transmitidos* (p. 10).

A Pedagogia Nova, que surge frente ao fracasso da Pedagogia Tradicional em realizar a equalização social através da escola, centra sua proposta no aluno, por este ser biológica e psicologicamente distinto dos demais e no desconhecimento disso residir o fracasso da escola: "*Forja-se, então, uma pedagogia que advoga um tratamento diferencial a partir da 'descoberta' das diferenças individuais*" (p. 12). A pedagogia centrada no aluno deveria ter uma organização escolar distinta da Pedagogia Tradicional:

> *Assim, em lugar de classes confiadas a professores que dominavam as grandes áreas do conhecimento revelando-se capazes de colocar os alunos em con-*

---

só é possível quando a dependência da escola ao todo pode ser pensada. Em suma, a escola pode ser crítica ao mostrar o quanto, num sistema injusto, não pode desenvolver as potencialidades humanas inerentes a uma sociedade racional, uma vez que aquele não é racional.

tato com os grandes textos que eram tomados como modelos a serem imitados e progressivamente assimilados pelos alunos, a escola deveria agrupar os alunos segundo áreas de interesses decorrentes de sua atividade livre. O professor agiria como um estimulador e orientador da aprendizagem cuja iniciativa principal caberia aos próprios alunos (p. 13).

Como a Pedagogia Nova, segundo Saviani (1984), não conseguiu também cumprir o seu intento de equalização social, pensou-se que os métodos pedagógicos deveriam ser aperfeiçoados para serem mais eficientes. Surge a Pedagogia tecnicista:

> *A partir do pressuposto da neutralidade científica e inspirada nos princípios de racionalidade, eficiência e produtividade, essa pedagogia advoga a reordenação do processo educativo de maneira a torná-lo objetivo e operacional. De modo semelhante ao que ocorreu no trabalho fabril, pretende-se a objetivação do trabalho pedagógico* (p. 15).

Claro é que nem o professor nem o aluno constituir-se-ão no centro do processo pedagógico: esse será representado pela organização racional dos métodos. Para isso, o sistema escolar como um todo deve ser uniformizado, porque a boa aplicação da técnica necessita de uniformização.

Concordamos com Saviani (1984), no que se refere a ser acrítica a Pedagogia tecnicista, mas precisamos analisá-la, não só dentro da ideologia liberal, mas também dentro da ideologia da racionalidade tecnológica, que surge no lugar daquela, segundo Habermas (1983), porque aquela não consegue mais esconder a opressão social.

Na racionalidade tecnológica é a subjetividade – o pensamento e o sentimento – que deve sair de cena:

> *Buscou-se planejar a educação de modo a dotá-la de uma organização racional capaz de minimizar as interferências subjetivas que pudessem pôr em risco sua eficiência. Para tanto, era mister operacionalizar os objetivos e, pelo menos em certos aspectos, mecanizar o processo. Daí, a proliferação de*

A ESCOLA E A PRODUÇÃO DAS ESTRUTURAS...   91

propostas pedagógicas tais como o enfoque sistê-
mico, o micro-ensino, o tele-ensino, a instrução pro-
gramada, as máquinas de ensinar etc. (SAVIANI,
1984, p. 16).

Se na máxima rosseauniana, a natureza humana é boa, mas a
cultura a corrompe, para o tecnicismo, o sistema é bom, mas o homem
o corrompe.

Giroux (1986) vai mais além, quando pensa o papel da racionalidade tecnológica, cerne da Pedagogia Tecnicista:

Não apenas o conhecimento é objetivado nessa
racionalidade, mas ele é geralmente reduzido ao
domínio de decisões técnicas para fins já decididos.
Os fins são afirmados ao invés de explicados como
uma realidade social. Em nome da transmissão de
crenças e valores acalentados, esse modelo de edu-
cação para a cidadania termina por apoiar, através
de sua metodologia e conteúdo, um comportamen-
to que é adaptativo e condicionado, ao invés de ser
ativo e crítico (p. 234-5).

O conteúdo a ser transmitido dentro dessa pedagogia é o próprio
meio de transmissão dos conteúdos, que se constituiu em autoridade
objetiva e objetivante, validada tanto pelos processos de produção
quanto pelo Positivismo. Todo conteúdo deve ser transformado de
acordo com a forma de transmissão dos meios, subsumindo-se a esses,
pois a televisão, o gravador, o microcomputador, têm linguagens
distintas, às quais aquele precisa ser adaptado, como veremos no
próximo capítulo.

Herdeira da Pedagogia Tradicional, e pouco distinta da Pedagogia Nova no que se refere à valorização da ciência e da tecnologia, a
Pedagogia Tecnicista abole a subjetividade, não só pelo método de
transmissão de conhecimentos, mas pela forma de avaliá-los; os
elementos de projeção e introjeção necessários para a construção do
conhecimento, que dão a ele um significado, são desvirtuados, da
mesma forma que a especulação é condenada no Positivismo. Mas o
que determina o método e o conteúdo assim como os objetivos
educacionais é o sistema de educação, que centraliza diversas
decisões.

O COMPUTADOR NO ENSINO

Ora, um sistema educacional só faz sentido em uma ordem social na qual o controle do Estado é dado sobre a sociedade civil, tolhendo os espaços de contestação, embora essa aconteça de diversas maneiras, segundo Giroux (1986). Esse Estado traz consigo a urbanização crescente e a massificação da população, o que implica num alto desenvolvimento tecnológico, condições essas para que surja a indústria cultural. Não é à toa que Adorno conceba a escola de nossa época como indústria cultural. Dessa forma, a Pedagogia Tecnicista surge numa sociedade de massas, onde os objetivos e os métodos para a sua manutenção, oriundos de diversas esferas sociais, são intercambiáveis, para não dizer assemelhados.

Assim sendo, a Pedagogia Tecnicista caracteriza-se por: 1) Centralizar o processo de ensino na organização dos métodos e na eficiência desses, devendo professor e alunos adaptarem-se a esses; 2) Postular a neutralidade da ciência; 3) Insistir na operacionalização do conhecimento, como sendo esse algo de interpretação unívoca; e 4) Uniformizar o processo de ensino. Dentro dela, a esfera da interação social se funde com a esfera do agir racional com respeito a fins, se usarmos a terminologia de Habermas (1983). Ela fortalece o pensamento unidimensional através da operacionalização, se pensarmos na concepção de Marcuse. Para Lefebvre, emperra o caminho do Possível, por tornar-se formalista.

Uma tendência complementar do tecnicismo no ensino foi inserida pelos teóricos da Economia da Educação, que viam nessa uma tendência de acréscimo à produção. A educação, segundo esses teóricos, traz vantagens a todos:

...há uma taxa de retorno social e individual. Isso significa em outros termos que a taxa de lucro criada com a maior produtividade dos indivíduos devida ao seu 'mais' em educação é repartida de maneira justa entre o indivíduo e o Estado. Aquele porque investiu esforço, energia e tempo, perdendo potencialmente salários se tivesse utilizado esse tempo para seguir um trabalho remunerado. O Estado receberia de volta, sob forma de taxas e impostos, os investimentos originais mais a parcela da taxa de lucro, justamente repartida entre ele e o indivíduo (FREITAG, 1980, p. 28).

A ESCOLA E A PRODUÇÃO DAS ESTRUTURAS... 93

Mas, segundo Cunha (1980), tal ocorrência, que permitiria a ascensão social através da educação, não ocorreu no Brasil, e para maior qualificação da mão-de-obra existe uma maior taxa de lucro para o patrão.

Benjamin (1981) estudou duas tendências de pesquisas no Brasil que tentam relacionar a educação com a sociedade. Uma delas, segundo a autora, que se dá predominantemente na década de 50, atenta para o papel da educação na democracia pretendida nos países capitalistas, através da mobilidade social e ocupacional que aquela permitiria. A outra delas, desenvolvida principalmente na década de 60, relaciona o desenvolvimento da economia com a formação de recursos humanos, ou seja, com a educação. A autora associa a primeira tendência à ideologia democratizante, na qual o sistema capitalista se legitimaria pela igualdade de condições dada pela educação; assim a gênese das desigualdades sociais é encoberta. A segunda tendência, a autora relaciona com a ideologia desenvolvimentista, na qual é enfatizado o desenvolvimento tecnológico, deixando para um segundo plano a questão das desigualdades sociais explícitas na primeira tendência. Nas palavras de Benjamin (1981):

Nota-se nos estudos que apresentam a mobilidade social como aproximação da mudança social, um grande interesse em mostrar que há democratização no ensino, o que reflete um pensamento político democrático, em termos de redução das desigualdades sociais existentes na estrutura global (p. 27).

E mais adiante:

No entanto, aqueles que estão inseridos num contexto econômico, mostram principalmente a necessidade de eficiência do ensino para desenvolver as qualificações requeridas pelo sistema econômico (p. 27).

Claro, as duas tendências são próximas e colocam a educação em relevo ao ser apontada como parte da solução para a desigualdade social ou para o avanço tecnológico. Na primeira tendência, a educação se associa indiretamente com o avanço tecnológico, pois a mobilidade social se dá, em parte, com a ocupação no mercado de trabalho.

94   O COMPUTADOR NO ENSINO

Assim, a questão do desenvolvimento das forças produtivas, através da qualificação técnica, aparece em ambas, o mesmo ocorrendo com a legitimação da desigualdade social pela educação. Essas duas tendências, com a nítida presença da Pedagogia Tecnicista na segunda delas, complementam-se e, se podem ser justificadas pelo avanço das forças produtivas, guardam relação com as relações de produção.

Nos países do primeiro mundo, com o domínio dos monopólios, como vimos antes, o Estado passa a intervir mais na economia para compensar as disfunções resultantes do capitalismo liberal, e a ciência e a técnica passam a tornar-se a principal força produtiva. A ideologia passa a ser tanto força produtiva como legitimação do cotidiano. A escola, além de suas funções de socialização e transmissão de cultura, passa a ter a incumbência da qualificação da mão-de-obra.

Nos países do terceiro mundo, onde a ideologia liberal convive com a da racionalidade tecnológica, elementos arcaicos do capitalismo convivem com os seus elementos modernos, as contradições tornam-se cada vez mais explícitas, sendo visível a coexistência da riqueza e da pobreza abundantes. No Brasil, quanto à educação, além da tentativa de implantar nos níveis médios a profissionalização e aproximar cada vez mais a escola da esfera da produção, surgem , como vimos, novos métodos na esperança de se resolver o problema da alfabetização, entre outros, como se esse problema se resumisse a uma questão técnica.

Contudo, o estudo de Patto (1986), que focaliza o fracasso escolar, através do aprofundamento de diversas dimensões do cotidiano, em uma escola municipal da cidade de São Paulo, evidencia que o problema educacional não se calca somente na metodologia de ensino, mas nas expectativas e pressões que diretores, especialistas em educação, professores, pais e as crianças sofrem, através de uma série de cobranças recíprocas que tornam a escola um espaço de exclusão, em que o sentido dos atores é buscado pelas diversas personagens do drama em metas que vêm de fora, que são internalizadas e repostas na reprodução do dia-a-dia. Esses objetivos, dados, em parte, pelo sistema de ensino que "cobra" as estatísticas sobre a aprovação dos escolares, interferem na disputa dos professores pela sua valorização na escola em função de qual classe irão lecionar, nos alunos que se discriminam entre si através do aprendizado possível, na obrigação e esperança da família em dar a seus filhos um futuro melhor.

Claro, deve-se ressaltar que Patto (1986) evidencia a resistência a essa apropriação do sentido de viver, expressada pelas crianças

A ESCOLA E A PRODUÇÃO DAS ESTRUTURAS... 95

excluídas, pelas professoras menos valorizadas, ou pelas mães das crianças "fracassadas", mas essas resistências se referem mais à desvalorização sofrida do que à ocupação da escola em um sentido emancipatório, embora a autora não deixe de ressaltar esta possibilidade na ação escolar.

Na revisão crítica que a autora faz das várias interpretações do fracasso escolar, que é entendido, em diversos momentos, ou como déficit cultural, ou marginalização cultural, evidencia-nos aspectos da ideologia da racionalidade tecnológica, através de padrões culturais tomados como os melhores ou verdadeiros. Assim, os seus dados podem ser interpretados, também, em função dessa ideologia, ou seja, através de exigências que uma sociedade tecnocrática faz à escola, ao desenvolvimento nos alunos de aptidões necessárias não só para a possibilidade de socialização, mas, também, de instrumentação.

No Brasil, essas tendências (Pedagogia Tecnicista e Economia da Educação) se fortalecem a partir da década de 60, com a internacionalização do mercado nacional, e a escola passa a se dedicar principalmente à qualificação da mão-de-obra.

Mas se a escola é valorizada como qualificadora da força produtiva, por transmitir conteúdos importantes para o trabalho, apesar da ideologia que transmite juntamente com esses conteúdos, Freitag (1984) avança na análise das funções da escola e faz uma pesquisa na qual tenta responder à seguinte questão: Em que medida as condições materiais da sociedade afetam a formação das estruturas formais da consciência, que envolvem os níveis da competência lingüística, moral e lógica?

Para a definição de competência lingüística, moral e lógica (cognitiva), Freitag se utiliza da epistemologia genética de Piaget e testa a hipótese de que a falta total de escolarização tem efeito retardador sobre o desenvolvimento das estruturas em questão, encontrando-se a criança escolarizada em vantagem frente à não escolarizada. Em suma, a escola deveria afetar favoravelmente o desenvolvimento daquelas competências.

Após um estudo de campo, a autora conclui que a escola atua favoravelmente sobre o desenvolvimento daquelas competências, apesar de não ter encontrado relação entre o nível do desenvolvimento cognitivo e o desempenho escolar avaliado pelas notas escolares. Façamos algumas perguntas: 1) Em que o pensamento formal examinado auxilia na constituição de uma sociedade mais justa?; e 2) Como

96 O COMPUTADOR NO ENSINO

o pensamento formal (ápice do desenvolvimento cognitivo na teoria piagetiana) ajuda na percepção das contradições sociais?

Estas questões podem ser respondidas da seguinte forma na visão da autora: a possibilidade de transcender o concreto e poder conceber o real de diversas formas possíveis revelaria a sua arbitrariedade veiculada pela ideologia dominante, tornando-a inócua e possibilitando a construção de outros reais. Ora, se voltarmos à discussão explicitada no primeiro capítulo deste livro, entre a Teoria Crítica e o Positivismo, torna-se claro que não se trata, para o pensamento crítico, da criação de outros reais e nem do reconhecimento da arbitrariedade do existente, para que uma sociedade mais justa seja visualizada e se torne real, mas da negação determinada, ou seja, da transformação social calcada na produção social existente. Assim, o Possível da Utopia não se encontra em combinações lógicas, para as quais o real é indiferente, mas na concretude social, e para poder pensar essas questões é necessária a presença da dialética como lógica do concreto. Se a contradição é da realidade e não do pensamento, é através da reflexão sobre aquela que podemos entendê-la e propor a sua alteração e não tentando abstraí-la para pensá-la com símbolos algébricos.[3] Mas, mais do que isso, a análise de Freitag parece fazer retornar as idéias contidas nas teorias sobre "carência cultural", para as quais as crianças de nível socioeconômico baixo têm dificuldades na escola, particularmente na primária, devido à falta de estimulação adequada em seus lares em comparação àquela dada na escola, cuja crítica foi feita, entre outros, por Patto (1984):

> *A análise do discurso da psicologia da carência cultural, especialmente naquilo que ela tem de referência implícita ou explícita às causas e à solução da marginalização, fornece-nos provas de sua desconsideração pelas relações de produção e pelas dimensões da ideologia e do poder, denunciada por Deleule; a maneira como os conceitos de classe dominante, pobreza, marginalização social e cultural, classe social e sistema social comparecem nos textos que a integram atestam o seu papel de*

---

3. Não queremos simplificar as análises e reflexões de Freitag elaboradas em seu texto, mas, apenas, tentar problematizar algumas das suas possíveis implicações se levadas para o cotidiano.

A ESCOLA E A PRODUÇÃO DAS ESTRUTURAS...

encobrimento da realidade social e, por conseguinte, sua natureza ideológica (p. 117).

Se Freitag não desconhece a existência da luta de classes e da ideologia, sua proposta de escolaridade para todos com a finalidade de diminuir a discrepância entre a estruturação cognitiva das crianças de diversas classes sociais soa, de fato, como uma afirmação de entendimento do mundo como o veiculado pela classe dominante e da negação do entendimento do mundo da classe dominada; para ela, o desenvolvimento das competências morais, lingüísticas e cognitivas levaria à formação de indivíduos autônomos e:

> *Somente indivíduos autônomos são capazes de, no processo dialógico descentrado, propor regras alternativas e buscar o consenso para tais regras. Sem indivíduos autônomos, não pode, em suma, haver organização democrática da sociedade* (1984, p. 228).

As questões de autonomia e de democracia são colocadas, estranhamente, de forma independente do contexto em que se situam, levando-nos a associar essa posição às idéias de Dewey sobre a democracia liberal e sobre a estimulação do pensamento formal nas escolas, autor esse criticado em outro texto de Freitag.[4]

A idéia de que a escola facilita às pessoas o estabelecimento das operações lógicas, próprias do período das operações lógico-formais, poderia resultar no fortalecimento da ideologia contida na racionalidade tecnológica aplicada ao ensino e na teoria da economia da educação. Fabricar-se-iam na escola, então, indivíduos que conseguem pensar através de operações ligadas às proposições e à análise combinatória, para que pudessem em alguns setores da produção (os mais modernos) gerar ainda mais lucros.

Com relação a essa questão, podemos citar, ainda, o pensamento de Giroux (1986), quando se refere ao enfoque interacionista da alfabetização. Dentro desse enfoque, considera duas perspectivas: a romântica, influenciada por Rousseau, Neill, Rogers e Spring, e a cognitiva-evolutiva, baseada em Dewey e Piaget. Sobre essa última pers-

---

4. Ver FREITAG, B. *Estado, Escola e Sociedade*. São Paulo, Moraes, 1980.

98 O COMPUTADOR NO ENSINO

pectiva, que se relaciona diretamente com a questão discutida, nos diz o autor:

> *A questão do processo é crucial aqui, porque é inerente a essa concepção o pressuposto de que o conteúdo é de somenos importância. Análise, compreensão e solução de problemas se tornam operações divorciadas do objetivo de crítica. O conteúdo não é ignorado; ele é simplesmente considerado menos importante do que o objetivo de desenvolver estágios superiores de pensamento nos alunos* (p. 285).

Nesse sentido, se tomarmos o pensamento de Lefebvre (1983) sobre lógica formal e lógica dialética, o entendimento é privilegiado em relação à razão, aproximando esse enfoque da teoria tradicional e da perspectiva da Escola Nova; a ênfase é dada no processo de desenvolvimento do aluno, portanto centrado nele, para que se chegue a um universal possível: o pensamento formal. Se o pensamento formal nos possibilita ver diversas possibilidades do real se manifestar, sem a razão e a análise dialética da história, essas possibilidades tornam-se equivalentes abstratas, intercambiáveis entre si.

Já a Pedagogia Radical, proposta por Giroux (1986), dá ênfase a esses elementos críticos. Calcado, como dissemos antes, no pensamento de Adorno, Horkheimer e Marcuse, mas guardando alguma distância daquele, propõe a Pedagogia Radical. Aproveita-se, principalmente, das concepções de ideologia e de cultura da teoria crítica para desenvolver sua análise e proposta.

Quanto à noção de ideologia, ressalta a importância do trabalho de Marcuse, que descreve sua incorporação no âmbito individual e a relação dela com o todo. Assim, a ideologia não é algo criado e mantido somente no plano das instituições sociais, mas também no plano individual. O pensamento crítico, condição necessária para a transformação social, recupera os espaços onde ele possa ser desenvolvido, entre eles, a escola. Nesse sentido, para Giroux (1986), trata-se de saber como o ensino pode auxiliar o seu desenvolvimento.

As concepções acríticas e as concepções crítico-reprodutivistas da escola são colocadas lado a lado, por ambas negarem a ação humana, embora o autor ressalve e se utilize da análise feita pelas últimas. É a ação humana que precisa ser recuperada para que a contraposição à dominação vigente se dê. E esse resgate se dá através da

A ESCOLA E A PRODUÇÃO DAS ESTRUTURAS...   99

racionalidade emancipatória, que envolve a educação para a cidadania. Essa racionalidade emancipatória:

> ...baseia-se nos princípios de crítica e ação. Tem como objetivo criticar aquilo que é restritivo e opressor, enquanto ao mesmo tempo apóia a ação a serviço da liberdade e do bem-estar individual (p. 249).

A sua proposta é a de repolitizar os conteúdos e a forma em que são estruturados, agindo, principalmente, sobre os educadores, que se tornariam: "...cidadãos melhor informados e agentes mais eficazes de transformação da sociedade maior" (p. 255). Mas também sobre os alunos esta repolitização poderia desenvolver uma maior preocupação pela ação social.

Essa repolitização envolve uma construção teórica que integre as disciplinas que são apresentadas, atualmente, de forma fragmentada e relacione os conflitos e as contradições surgidas também na sala de aula, com questões políticas maiores, e por isso: "...os alunos devem ser educados para demonstrar coragem cívica, isto é, uma disposição para agir, como se de fato vivessem em uma sociedade democrática" (p. 262). O autor ressalta também a importância do resgate da subjetividade, que pode se dar através da codificação da vivência da própria realidade do aluno, para que a seguir se remeta para as mediações mais amplas de suas experiências. A emancipação precisa da recriação do Espaço Público, no qual a confrontação política com o instituído possa se dar. O autor propõe reaver o espaço do cidadão pela ação da educação, mas como ele salienta, isto não se dá somente pela ação educativa.

Da instigante proposta de Giroux (1986), de uma educação emancipatória, façamos apenas um reparo. Ele não problematiza a tecnologia quer a utilizada na escola quer a utilizada nos meios de comunicação de massa. A sua crítica relaciona-se à taylorização do ensino, podendo as técnicas serem reaproveitadas para a emancipação. A questão de Marcuse (1982) de a técnica tornar-se um projeto de mundo e, portanto, não ser neutra, não é refletida. O fato de que a técnica repõe as condições em que foi criada também não é considerada.

Passemos, então, a aproximarmo-nos mais desta questão, analisando os conceitos de tecnologia da educação.

CAPÍTULO 4

A TECNOLOGIA EDUCACIONAL
E A TRANSFORMAÇÃO DO
SABER EM INFORMAÇÃO

*"Porque o pensamento se converte em solução de
tarefas designadas, até mesmo o que não é designado
passa a ser tratado de acordo com o esquema da
tarefa."* (ADORNO)

A tentativa de melhorar o ensino através de técnicas provindas
dos meios de comunicação de massa – televisão, cinema, rádio – tomou
impulso no Brasil, na década de 60, tendo havido tentativas isoladas
em épocas anteriores. A primeira delas, segundo Oliveira (1980), foi
a criação de programas radiofônicos elaborados pelo Ministério de
Educação e Cultura, em 1937.

Essa tentativa, aliada à Economia da Educação, ocorre em um
momento em que, no plano político, há um golpe militar e, no plano
econômico, a internacionalização da economia.

Da preocupação com a formação do cidadão, que deve saber vo-
tar bem, defender os seus direitos e cumprir as suas obrigações, passa-
se a dar ênfase à competência profissional, à habilitação do profissional, à formação do técnico. Se a Pedagogia Tradicional falhou graças
ao método, e a Escola Nova graças à sua não ampliação para o setor
público do ensino, a nova pedagogia deve tornar mais eficiente o ensino, não mais para a formação do cidadão que deve escolher os caminhos do país, mas para a formação do súdito que deve, mais do
que nunca, seguir o lema positivista da República: "Ordem e Progresso". Mas, esse súdito, dentro da ordem, deve contribuir para o
progresso.

À tecnoburocracia instalada na direção do país deve corresponder uma racionalização do ensino. Para os teóricos da Economia da Educação, a educação é importante para o desenvolvimento da produção e, portanto, da riqueza nacional. Claro, a educação colaborava com a produção antes de essa teoria ser elaborada, mas pelas próprias exigências do mercado, que, à medida que evolui, necessita de mãode-obra cada vez mais especializada. A Economia da Educação justifica e incrementa essa associação.

Para que a racionalização do ensino pudesse ser feita segundo os moldes da produção, deveria se ter, de um lado, a centralização da produção do ensino pelo Estado e, de outro lado, a presença da cientificização e tecnificação do ensino. No Brasil, a presença do Estado na área da educação começa a se fortalecer a partir de 1930, com semelhanças ao Estado do bem-estar Social, que se, de um lado, se "privatiza" dando prioridade aos setores produtivos ligados, então, ao capital nacional, de outro, cria benefícios à classe trabalhadora. A partir de 1964, esse Estado se torna, totalitário e, se continua a dar prioridade ao desenvolvimento da produção, deixa de atender às necessidades e aos anseios da classe trabalhadora. Nessa época, o movimento da sociedade civil é paralisado pelo golpe de Estado, embora isso ocorra de forma mais abrangente em 1969.

A reforma do ensino do final da década de 60 tenta resolver o problema relacionado à demanda aos cursos superiores, ampliando a existência de cursos técnicos e racionalizando do ponto de vista econômico e administrativo a educação em seus três níveis. Esse controle centralizado se deu tanto em relação à destinação de recursos, quanto na provisão de objetivos, meios e avaliação, havendo nessa centralização um aprofundamento da divisão entre decisão e execução do trabalho. Esta centralização e a divisão aprofundada do trabalho se expressa na hierarquia do sistema educacional tanto dentro quanto fora da escola.

Junto à divisão do trabalho, que acarreta a hierarquia, coexiste outra fragmentação caracterizada, de um lado, pelas figuras dos diversos especialistas em educação, e, de outro lado, pelas diversas disciplinas.

A hierarquia, que unifica, permite a diversidade dos especialistas e das disciplinas, mas ao preço de serem subsumidas àquela. Essa subsunção é possibilitada não só pelo controle exercido direta ou indiretamente pela burocracia do sistema escolar, mas também pelo saber que se transforma em informação a ser transmitida, que deve ser percebida, memorizada, mas, como é descontextualizada, não

A TECNOLOGIA EDUCACIONAL E A TRANSFORMAÇÃO... 103

pode ser pensada, a não ser como aplicação imediata ou como cultura geral.

Antes de pensarmos a distinção entre saber e informação, deixemos claro que o ensino anterior, caracterizado pela Pedagogia Tradicional e pela Escola Nova, não é necessariamente antagônico ao tecnicismo. A sua relação com a Escola Nova é explicitada por Severino (1986):

> As raízes epistemológicas e as bases instrumentais do substrato tecnicista da nova pedagogia são as mesmas da pedagogia da Escola Nova: é o mesmo cientificismo. Daí a valorização da tecnologia educacional, da informatização e de todos os recursos instrumentais que a ciência e a tecnologia moderna põem à disposição dos governantes sob forma de equipamento (p. 93).

O saber é fruto da história humana, oriundo das necessidades sociais de adaptação à natureza. Nesse sentido, a compreensão de um fenômeno não pode ser entendido em si, mas em relação ao desenvolvimento social, constituindo-se, então, não num saber absoluto, mas relativo à razão humana que é histórica. Contudo, para o Positivismo estão subjacentes à compreensão de um fenômeno quer físico, biológico ou social, as noções de natureza e de sociedade existentes, consideradas como sistemas que se auto-regulam e se autoperpetuam, cabendo ao homem entender as suas leis.

No Positivismo, o objeto científico dotado de uma racionalidade própria (em si) empresta a sua "autonomia" à razão e vice-versa, tornando-se ambos absolutos e inseparáveis; a formação histórica da compreensão de um objeto torna-se informação sobre o objeto, ou sobre um fenômeno, por mais que tente localizar-se seus "determinantes naturais". Portanto, o conhecimento é transmitido como informação, não só quando não é dada aos sujeitos a possibilidade de conhecer os invariantes de um sistema, mas quando o próprio sistema é percebido e é dado a perceber-se como um sistema em si. A compreensão de um organismo, como um sistema biológico, ou de um fenômeno físico como um modelo, não se esgota na compreensão do sistema e do modelo, mas deve incluir a própria idéia de sistema e de modelo e relacioná-la à concepção de mundo que representa e à concretude das relações sociais.

O COMPUTADOR NO ENSINO

Como o saber convertido em informação é a negação do próprio saber, na medida em que desengaja aquele que conhece do conhecimento, todas as informações podem ser convertidas em objetividades isentas de subjetividades e, portanto, com características de uniformidade e precisão. Dessa forma, é possível fazer uma avaliação dentro do sistema de ensino tanto do aluno quanto do professor, semelhante à existente na esfera da produção, onde analogamente o produto é separado do produtor. A formação do aluno pode ocorrer através do acúmulo de informações, que exige, principalmente, um raciocínio instrumental. O pensamento bidimensional e a esfera da interação social mediatizada pela linguagem reduzem-se à uniformidade em que os conteúdos são dispostos.

A tecnologia educacional, através de seus diversos meios, tenta coroar o processo fabril na educação. Enfatizemos que o seu ingresso foi preparado, de um lado, pela relação entre economia e educação e, de outro lado, pela invasão da escola por uma forma de pensar ligada ao processo de racionalização social. Esses dois fatores, por sua vez, relacionam-se ao movimento dado pela contradição entre forças produtivas e a organização do trabalho. Mas, esse movimento, segundo Marcuse e Habermas, no momento em que a tecnologia se converte em ideologia, através da racionalidade tecnológica, perpetua a organização do trabalho; ou seja, o avanço das forças produtivas – que tem na fusão entre tecnologia e ciência o seu principal motor neste século, enquanto se propõem como autopropulsoras da economia vigente, colocando-se como neutras a serviço de quem as use – aperfeiçoa o sistema de dominação existente.

Enquanto ideologia, a tecnologia é também falsa consciência e, nesse sentido, para Marcuse (1982), oblitera o pensamento bidimensional. Mas para esse autor, não é só por esconder interesses políticos sob a forma técnica que a tecnologia ganha o caráter de ideologia, mas pelo projeto político inerente a ela. Nesse sentido, não se trata de superar a tecnologia educacional para que ela passe a ser libertadora, mas de denunciar a presença da totalidade dentro dela.

Assim, é necessário, mais do que apontar para a diversidade dos meios de comunicação de massa que adentram à educação, remeter essa diversidade à uniformidade do todo, pois é por isso que Adorno (1978) alega que os diversos meios da indústria cultural são complementares.

Algo análogo ocorre com a tecnologia educacional, a qual, apesar da diversidade de instrumentos e de suas aplicações, apresenta nessa

A TECNOLOGIA EDUCACIONAL E A TRANSFORMAÇÃO...   105

diversidade a mediação da totalidade, expressada através das classificações de tecnologia educacional, que antes que conflitantes são complementares. Como aparências socialmente necessárias, ou seja, ideologias, essas classificações apresentam na aparente diversidade de suas categorias um caráter pretensamente autônomo, que não possuem. Em outras palavras, ao tentarem definir o objeto, esquecendo que o sujeito que define é também objeto determinado historicamente, perdem a sua concretude.

Candau percebe a relatividade da autonomia da escola e enuncia que:

> *Afirmar que a tecnologia educacional está inserida no âmbito da educação implica que a tecnologia não pode encarar a educação como simples matéria a sofrer um tratamento tecnológico mas, pelo contrário, é a tecnologia que deverá sofrer um tratamento educacional que informará toda a sua realidade. Assim sendo, os fins da educação deverão ser os norteadores da tecnologia educacional* (p. 62).

Nessa concepção, a tecnologia aparece adaptável aos fins da educação. Nesse sentido, a neutralidade da tecnologia se destaca; o problema reside em aceitar a tecnologia proveniente de outras áreas sem particularizá-las. Candau concebe três tendências dentro da tecnologia educacional. A primeira tendência é centrada no "meio" e é a mais difundida; consiste na mera transposição das "mídias" para a educação. A segunda tendência é centrada no "processo" e consiste no:

> *...conjunto dos esforços intelectuais e operacionais realizados faz alguns anos para reagrupar, ordenar e sistematizar a aplicação de métodos científicos à organização de conjuntos de equipamentos e materiais novos de modo a otimizar os processos de aprendizagem* (DIEUZEIDE, *apud* CANDAU, 1979, p. 63).

Nessa segunda tendência, o processo de aprendizado transforma-se em fim, deixando o conteúdo programático e as diferenças individuais em segundo plano. A terceira tendência, pouco desenvolvida,

106 O COMPUTADOR NO ENSINO

concebe a tecnologia educacional como inovação, mas, ressalta Candau, é necessário entender a inovação não como um fim em si mesma, pois o "porquê" e o "para quê" da inovação devem ser os guias da estratégia.

Candau (1979) critica as duas primeiras tendências associando-as ao tecnicismo no ensino e defende a terceira, que já transparece na primeira transcrição que fizemos de seu texto. Com isso, pretende resgatar a tecnologia educacional, politizando-a através de sua adaptação a fins que não são neutros. Não diz como isto pode ser feito, mas acena com a possibilidade.

Essa classificação aponta para usos críticos e acríticos da tecnologia educacional, mas não problematiza a própria tecnologia em relação à sua origem. A tecnologia deve ser submetida aos objetivos da educação, mas Candau não se pergunta sobre a possível alteração que aquela acarreta a esses, ou melhor, não se questiona o quanto ela pode ser impeditiva de mudanças educacionais, ou mais propriamente, o quanto ela possa aproximar os objetivos da educação a ela.

Embora Candau não faça, nesse texto, uma análise histórico-social tanto da educação quanto da tecnologia, aponta para a particularidade da educação e para a sua dependência da sociedade. Assim, permite situar a escola tanto como mantenedora da situação atual quanto como modificadora, mas numa relação dinâmica entre escola e sociedade, o que nos permite supor a sua posição como crítica e semelhante à defendida por autores como Freitag (1980).

O mesmo não ocorre com a classificação proposta por La Taille (1988), que divide os instrumentos empregados no ensino em três categorias: Categoria A: "*Instrumentos originariamente sem função didática mas introduzidos no ensino através de uma matéria do currículo. Por exemplo, o microscópio para aula de Biologia*" (p. 320); Categoria B: "*Instrumentos criados pela tecnologia humana independentemente das necessidades do ensino, mas aproveitados e adaptados por este posteriormente. Por exemplo, a televisão*" (p. 320), e Categoria C: "*Instrumentos criados pelos próprios educadores*" (p. 321), na qual inclui-se o material montessoriano e as máquinas de ensino.

Na classificação de La Taille, os instrumentos de ensino são apreciados pelo lugar de origem. O fato de as máquinas de ensino serem criadas numa época em que a educação passa a se assemelhar ao trabalho fabril, como nos mostra Kvale (1975), o fato de o ingresso do microscópio na escola se dar, de um lado, pela introdução dos

A TECNOLOGIA EDUCACIONAL E A TRANSFORMAÇÃO... 107

métodos científicos na escola, como processo de aprendizagem, ou seja, pelos métodos da Escola Nova, e, de outro lado, pela profissionalização do ensino, e o fato de que a televisão é a representante de uma nova forma de comunicação, como mostra Mcluhan (1969), não são visíveis na sua classificação, ou seja, o próprio movimento da tecnicização do cotidiano, apontado por Lefebvre (1969) e Habermas (1983), é negligenciado. As esferas da educação, do lazer e da produção são vistas como autônomas, aproximando a visão do autor da concepção liberal da educação, na qual a escola tem autonomia frente aos determinantes sociais. O instrumento de ensino é afirmado em relação ao lugar particular, mas negando-se o todo, no tocante à sua mediação.

O autor, ao longo de seu trabalho, defende a adaptação da linguagem dos meios externos à educação, de forma semelhante a Candau (1979), mas contrariamente a essa, não dá subsídios para que se possa conceber a autonomia relativa da escola. A escola deve cumprir melhor os seus objetivos e para isso pode empregar tecnologias que venham de outras esferas. É o que pode ser vislumbrado no seguinte trecho do autor sobre o uso de computador no ensino:

> *Portanto, se o computador, enquanto máquina, é um instrumento inédito, o que ele realiza não o é. Todavia, ele apresenta uma certa praticidade apreciável, e aí reside sua originalidade* (LA TAILLE, 1988, p. 634).

O que está em questão é o aperfeiçoamento da escola. A classificação de instrumentos de ensino nas três categorias propostas por La Taille é, portanto, filiada a uma perspectiva que vê na tecnologia uma solução para problemas educacionais, o que pode ser feito desde que se faça abstração dos conflitos sociais.

As duas classificações da tecnologia educacional trazem consigo concepções da relação escola-sociedade que as sustentam, o que por si só evidencia que a classificação que pertence à lógica científica não é neutra. É claro também que a classificação depende do que é classificado, depende do objeto. No presente caso, a tecnologia educacional envolve dois elementos – a tecnologia e a educação –, sendo a própria fusão o movimento do todo. Cabe, portanto, recuperar a verdade de cada particular na fusão dos dois.

Mas passemos a considerar uma outra forma de classificar as

108 O COMPUTADOR NO ENSINO

tecnologias educacionais que enfatize as definições que diversos autores dão a elas. Essa classificação, por nós proposta, divide-se em duas classes: a de definições de caráter técnico-científico e a de definições de caráter histórico-social. Na literatura encontramos uma série de definições de tecnologia educacional, que podem ser classificadas nas duas categorias explicitadas. Mas, mais do que categorias, são perspectivas de como elas se situam frente à escola.

A perspectiva técnico-científica dá ênfase ao aperfeiçoamento do ensino, à solução de problemas educacionais através de meios técnicos. Mesmo quando combina esses recursos com outros mais tradicionais, a própria defesa desses métodos supõe uma concepção de saber. É dada à escola autonomia frente à sociedade, sendo que os problemas educacionais que se originam fora dela, por ela devem ser sanados.

A perspectiva histórico-social pensa como utilizar a tecnologia educacional de forma crítica de modo a auxiliar a sociedade na superação de suas contradições. A tecnologia não é problematizada nessa perspectiva, o que importa é a adequação que ela possa ter aos fins visados.

Citamos, a seguir, algumas definições de tecnologia educacional, que podem ser classificadas no grupo que enfatiza aspectos técnico-científicos:

> *...refere-se à aplicação de tecnologia associada às ciências físicas e à engenharia na construção de instrumentos e equipamentos para fins de instrução... Estão compreendidos nesta categoria os equipamentos de projeção, gravadores, laboratórios de linguagem, televisão, máquina de ensinar e sistemas de ensino baseados em computadores* (LUMSDAINE, 1964, p. 372).

> *...é a aplicação sistemática de conhecimentos científicos à solução de problemas da Educação* (OFIESH, 1971, p. 9-10).

> *...consideraremos a Tecnologia da Educação como a aplicação sistemática de conhecimentos científicos e tecnológicos à solução de problemas educacionais* (DIB, 1974, p. 3).

A TECNOLOGIA EDUCACIONAL E A TRANSFORMAÇÃO... 109

Tecnologia da Educação, é fácil perceber, quer dizer aplicação de princípios científicos na educação (NÉRICI, 1973, p. 10).

Algumas definições de tecnologia educacional, que podem ser classificadas quanto à ênfase que dão a aspectos históricos-sociais, são as seguintes:

> *A Tecnologia Educacional constitui o conjunto de processos, métodos e técnicas para enfrentar os problemas da práxis educativa e para favorecer a dinâmica da aprendizagem, conforme as diretrizes de um projeto acadêmico-curricular inserido e comprometido com um Projeto Histórico-Pedagógico* (GUÉDEZ, 1982, p. 19).

> *Libertando a tecnologia educacional da rigidez de modelos de inovação global busca-se, assim, uma adequação real entre o problema e a solução, à luz de uma visão histórica e sociopolítica da educação, e levando-se em conta os aspectos econômicos e organizacionais inerentes às propostas de transformação pela tecnologia* (XI Seminário Brasileiro de Tecnologia Educacional, 1986, p. 38-9).

Como podemos verificar nas citações, as que são classificadas no grupo que dá ênfase aos aspectos técnico-científicos falam na eficiência do ensino, tomando-o genericamente, enquanto o outro grupo de definições associa a tecnologia educacional e o ensino à transformação social.

Os objetivos da tecnologia educacional também variam segundo a definição.

O objetivo principal da tecnologia educacional derivado das definições de caráter histórico-social é situado dentro de conflitos e contradições sociais:

> *Na medida em que a Tecnologia Educacional contribui para a experimentação da participação como mecanismo de transição, na construção de uma nova sociedade, ela não se comprime para dentro da*

função de entrave no processo de mudança, como mecanismo de conformação social, como reforço tecnocrático de dissimulação das contradições e conflitos. Nesta medida a Tecnologia Educacional se afirma como um impulso na construção social, como um instrumento de participação, como um recurso de ativação do processo participativo na busca da superação dos conflitos e contradições (WITTMAN, 1986, p. 85).

Pfromm Netto (1986), que inferimos ser adepto da definição de caráter técnico-científico, enfatiza a necessidade de multiplicação de meios que permitam, entre outras coisas, ao destinatário da educação: 1) localizar e obter rapidamente informações confiáveis; 2) discriminar entre boa e má informação; 3) discriminar entre informação relevante e irrelevante; 4) reter informações críticas; 5) evitar ser vítima de doutrinação ou manipulação; 6) criar novas informações. Em suma, é favorável à democratização das informações. Portanto, os meios devem ser organizados da melhor forma possível para transmitir informações. Enquanto Guédez (1982), que apresenta uma visão histórico-social da tecnologia educacional, diz que à educação:

...cabe a responsabilidade de ser um fator coadjuvante na pré-figuração dos resultados desejáveis e no aporte dos apoios morais a fim de favorecer e consolidar as mudanças sociais...Qualquer transformação global diz respeito tanto às estruturas socioeconômicas quanto às educativas-culturais (p. 16).

Dentro de sua visão histórico-social, Guédez critica as tarefas tradicionais da escola, que parece-nos para Pfromm Netto serem vitais para a democratização de informações:

O peso dessa situação transforma-se num incentivo para que a (educação) não fique reduzida às tarefas tradicionais de conservar, transmitir e difundir o saber, pois isso só serve para estruturar consciências servis e amestradas. Por outro lado, deve-se proclamar uma Educação que promova a criação

A TECNOLOGIA EDUCACIONAL E A TRANSFORMAÇÃO... **111**

de uma problemática, a capacidade de crítica e de diálogo, a conscientização e a participação. Somente nessa direção é possível assumir o papel que lhe cabe tal como: interrogar, analisar, avaliar e transformar a realidade (GUÉDEZ, 1982, p. 15).

Como podemos verificar, na definição de tecnologia educacional de caráter técnico-científico, a função dessa é a de aperfeiçoar a transmissão de informações, enquanto na definição de tecnologia educacional de caráter histórico-social, a ênfase é dada ao processo da educação, ou melhor, ao processo de aprendizagem que leve ao pensamento crítico. Podemos dizer que a definição de caráter técnico-científico dá ênfase ao produto, à informação a ser adquirida pelo aprendiz, enquanto a definição de caráter histórico-social centra-se no processo de aprendizagem, mais propriamente no aprendiz. Mazzi (1986) destaca duas posições em relação à tecnologia educacional. Uma que é caracterizada por :*"extrema euforia"*, cuja intenção é: *"...redefinir a prática educacional com base no modelo de produção industrial que tem como elementos característicos a definição de objetivos comportamentais, a racionalidade entre fins e meios, a possibilidade de reprodução, a divisão do trabalho e o controle de qualidade"* (p. 43). A outra posição, denominada de "céptica", considera que as promessas de mudança da tecnologia educacional obscurecem as questões essenciais e impedem que surjam os problemas substantivos. Entre essas duas posições, Mazzi defende a abordagem que:

> *... encara a tecnologia educacional como uma utilização estratégica e consciente de princípios, métodos e técnicas que possam contribuir para a reorientação e melhoria do ensino, dentro de uma perspectiva globalizante, histórica e crítica* (p. 46).

A primeira posição citada recai no que consideramos ser a perspectiva técnico-científica, enquanto o trecho citado acima remete-nos à perspectiva histórico-social, entre as duas se coloca a crítica à visão técnico-científica.

A perspectiva histórico-social propõe a utilização das técnicas a serviço de uma estratégia de mudança social. Ao contrário das definições técnico-científicas, que pregam a neutralidade da técnica,

O COMPUTADOR NO ENSINO

ao concebê-la como mero meio, os autores dessa outra perspectiva negam a neutralidade da técnica:

> *A Tecnologia Educacional não é neutra, está sempre ideologicamente comprometida com o sistema de valores dos que a aplicam* (MAZZI, 1986, p. 46).

Ou:

> *As tecnologias não são indiferentes a posições políticos-filosóficas a respeito da sociedade ou do contexto em que elas vão ser empregadas. Dewey já dissera que os meios são parcelas dos fins, não podendo considerá-los neutros, nem indiferentes* (DRUCKER apud OLIVEIRA, 1977, p. 29).

Na teoria crítica, conforme vimos na introdução deste trabalho, o conhecimento deve ser entendido dentro da história das relações de produção, o que vem a cortar a pretensa autonomia daquele. Nesse sentido, a conceituação técnico-científica de Tecnologia Educacional separa a esfera da produção material da esfera da produção de conhecimento; se relaciona as duas esferas, o faz indicando a influência da última sobre a primeira, caracterizando-se, portanto, como ideologia. Já a conceituação histórico-social nota as influências da esfera da produção material sobre a produção de conhecimentos, dentro de uma perspectiva materialista-histórica, mas se afirma a importância daquela, enquanto tática a serviço de uma estratégia mais ampla para as necessárias alterações sociais, não explicita de forma nítida essa tática.

Para entendermos um pouco mais essa questão, a da relação entre tecnologia educacional e alterações sociais, estudemos as influências teóricas que a primeira sofreu. Alguns autores (DIB, 1974; OLIVEIRA, 1977) apontam que a tecnologia educacional sofreu, basicamente, três influências: da Psicologia Comportamental, particularmente, no que se refere ao conceito de condicionamento operante de Skinner e nos instrumentos que desenvolveu para a educação – máquinas de ensino e instrução programada; da Teoria de Sistemas e da Teoria da Informação de Shannon e Weaver. Analisemos essas influências.

Skinner (1972) faz algumas objeções à forma pela qual a aprendizagem se dá em sala de aula, baseado em estudos que fez em laboratório sobre comportamentos de animais, tais como o rato albino e o pombo. Uma de suas objeções é a de que os comportamentos em

A TECNOLOGIA EDUCACIONAL E A TRANSFORMAÇÃO... 113

sala de aula, associados à aprendizagem, são, geralmente, controlados por estímulos aversivos: zanga da professora, deboche dos colegas, notas baixas etc. Outra de suas objeções diz respeito ao arranjo de contingências de reforço, que não são imediatas aos comportamentos dos alunos e não se dispõe de forma a respeitar o seu ritmo próprio. Julga que, para a solução de suas objeções, são imprescindíveis artefatos mecânicos e elétricos que possam apresentar adequadamente as contingências de reforço para a aprendizagem, pois:

> Um organismo pode ser afetado por detalhes sutis das contingências, que estão além da capacidade do organismo humano para arranjar. É preciso usar artefatos mecânicos e elétricos. O auxílio mecânico também é exigido pelo grande número de contingências que podem ser programadas eficazmente numa única sessão experimental... Para poder utilizar os progressos feitos no estudo da aprendizagem, a professora precisa poder contar com o auxílio de recursos mecânicos (p. 20-1).

Pelo que podemos deduzir do texto citado, as máquinas de ensino são necessárias para o aprendizado, basicamente por dois motivos: 1) Para a organização de contingências, pois, assim, a probabilidade de um reforço acidental associar-se a um comportamento relevante para o aprendizado é menor do que se um organismo fosse a fonte dessas contingências, o que dificultaria o controle do comportamento pelas contingências, uma vez que não se saberia a quais delas aquele se associou. O mesmo pode-se dizer da associação de um comportamento irrelevante para o aprendizado com um dos reforços arranjados, o que poderia redundar no fortalecimento de comportamentos incompatíveis com os comportamentos necessários para o aprendizado; e 2) A programação de grande número de contingências pela máquina, que resultaria no fortalecimento do comportamento desejado do aluno, algo que é difícil de ser feito, sem esse recurso. O primeiro motivo refere-se, portanto, à precisão da relação comportamento-reforço, e o segundo motivo, à qualidade de reforços a serem arranjados.

Skinner propõe um artefato mecânico para o ensino: as máquinas de ensinar. Essas são, em geral, compostas de cursores, onde são apresentadas informações ou problemas para o aluno. Em outra parte da máquina, aparece um lugar para ser escrita a resposta do aluno. Girando-se uma manivela surge a resposta correta, que é confrontada com a que foi dada pelo aluno.

Na apresentação de informações ou problemas, o conhecimento a ser transmitido é decomposto em diversos passos, cada qual dependente do anterior. Quanto à conferência da resposta, o importante é o feedback imediato dado ao aluno, que em sala de aula não é, em geral, possível, dado o grande número de alunos e a falta de arranjo de contingências citado anteriormente.

Segundo esse autor, as máquinas de ensino têm três particularidades que as tornam necessárias para o ensino: 1) respeitam o *ritmo próprio* de cada estudante: 2) dão *reforço imediato* ao aluno; e 3) exigem *participação ativa* por parte do aprendiz; ou seja, é esse que "cuida" de sua aprendizagem através do autocontrole de seu comportamento.

Essa última peculiaridade das máquinas de ensinar é realçada por Skinner, quando ele confronta essas com outros recursos aúdio-visuais, que tornam o aluno cada vez mais um receptáculo passivo da instrução, devido à falta de intercâmbio entre aluno e máquina.

Skinner (1972) entende que os programas feitos para as máquinas de ensino, embora respeitem o ritmo individual de cada aluno, podem servir a uma grande quantidade de alunos e que aqueles não substituem o papel do professor, apenas o liberam para tarefas mais "nobres" do ensino:

> Se os progressos conseguidos recentemente no controle do comportamento podem dar à criança uma genuína competência na leitura, na escrita, na ortografia e na aritmética, então a professora pode começar a funcionar, não no lugar de uma máquina barata, mas através dos contatos intelectuais, culturais e emocionais daquele tipo todo especial que testemunham a sua natureza de ser humano (p. 25).

Por último, ressaltemos que Skinner (1972) considera que a educação precisa tornar-se mais eficaz, dado o crescente número de pessoas que querem ser educadas. Ou seja, seu objetivo ao propor as máquinas de ensino dentro de uma reestruturação desse é o de aperfeiçoá-lo.

Já, a Teoria de Sistemas, segundo Dib (1974), é uma das

A TECNOLOGIA EDUCACIONAL E A TRANSFORMAÇÃO... 115

modalidades da segunda revolução industrial, que se caracteriza pelos estudos da interação homem-máquina; seu foco principal é o processamento de informações e não o de energia, que foi a contribuição básica da primeira revolução industrial. Essa outra revolução industrial surge na década de 50, como herdeira dos sistemas complexos desenvolvidos na segunda guerra mundial, que envolviam a interação homem-máquina, tais como: o radar, o sonar, o sistema de detecção e destruição de mísseis.

Um sistema é composto de um conjunto de elementos que tem uma relação determinada, que visa ao cumprimento de determinada meta. Em geral, possui uma retroalimentação (feedback) que o regula. Os elementos básicos de um sistema são, em geral: a entrada de informações, o processamento de informações, a saída de informações e a comparação entre as informações finais e as iniciais.

Aplicado à educação, cada um desses elementos pode ser caracterizado da seguinte maneira:

1) *Entrada*: conhecimentos básicos que o aprendiz deve ter; motivação e capacidade. Um pré-teste pode fornecer alguns desses dados;

2) *Processamento*: os dados de entrada serão modificados por diversos meios, para que a aprendizagem objetivada seja alcançada;

3) *Saída*: desempenho do aprendiz; através dele se avalia a eficiência do sistema ; e

4) *Realimentação*: age particularmente sobre o processamento, no qual dados de entrada e do próprio processamento podem ser alterados.

Um sistema pode ser constituído de vários subsistemas estruturalmente semelhantes, servindo as saídas de alguns deles de entrada para outros. Um maior número de subsistemas dentro de um sistema de ensino corresponde a um maior controle do comportamento durante o processo de aprendizagem e a uma menor liberdade do aluno, mas isso é compensado pela maior probabilidade de o aluno atingir o comportamento meta, segundo Dib.

Em suma, a Teoria de Sistemas aplicada à educação prevê: a definição dos objetivos do sistema, que devem ser observados e/ou mensurados; as condições básicas que serão transformadas pelo processamento do sistema; recursos humanos e técnicos, condições ambientais, que se encarregarão da transformação dos dados de entrada; avaliações do que foi obtido na saída do sistema, para testar a sua eficiência; e realimentação constante que permita modificar os

116   O COMPUTADOR NO ENSINO

elementos de entrada ou de processamento do sistema. A Teoria de Sistemas pode se aplicar tanto ao ensino, em sentido amplo, que norteia os objetivos das escolas, quanto a um determinado conteúdo de uma disciplina, e, em ambos os casos, é a ciência que deve dar os parâmetros para o sistema.

Por fim, analisemos a Teoria da Informaçã,o que comumente é associada aos nomes de Claude Shannon e Warren Weaver. Nela a comunicação se dá através dos seguintes elementos: fonte transmissora, codificação da mensagem, canal, decodificação da mensagem e recepção. A fonte transmissora é aquela que deseja emitir informações; a codificação diz respeito a como (em que sinais) a mensagem será transmitida; a decodificação se refere à atribuição de sentido à mensagem e o receptor é a quem se destina a mensagem. As informações a serem transmitidas e as captadas podem ter graus de distinção, devido a fatores que intervêm no processo de comunicação. Esses fatores, considerados sob o termo "ruído", podem ser devidos à má codificação, à interferência no canal, ou à ausência de relações comuns entre a fonte e o receptor que interferem na decodificação da mensagem. Como em diversos códigos existem informações iguais, em uma mensagem existe redundância de informações, que pode compensar o ruído. Nesse sentido, a informação captada pelo receptor é igual a informação emitida (incluindo a redundância) menos a informação prejudicada pela existência do ruído.

Weaver (1978) define a informação como a medida de liberdade de escolha, quando se seleciona uma mensagem. Existem probabilidades associadas a essas escolhas de mensagem; dessa forma, quanto maior a liberdade de escolha de uma mensagem, maior a incerteza do que será transmitido: "*Assim, maior liberdade de escolha, maior incerteza e maior informação caminham juntos*" (p. 31). O ruído aumenta, também, o número de informações, mas se o aumento de informações devido à escolha da mensagem é desejável, o aumento de informações devido ao ruído não o é.

A Teoria da Informação apresenta fórmulas através das quais é possível medir-se a quantidade de informações transmitidas. Mas, para isso, deve-se dissociar informação de significado, ou seja, significante de significado:

> *Precisamos ter em mente que, na teoria matemática da comunicação, preocupamo-nos não com o significado de mensagens individuais, mas com toda*

A TECNOLOGIA EDUCACIONAL E A TRANSFORMAÇÃO... 117

a natureza estatística da fonte de informação (WEAVER, 1978, p. 30).

Dib (1974) compara essas três influências sobre a Tecnologia Educacional mostrando suas características comuns, que podem ser assim resumidas: 1) Necessidade do "conhecimento prévio em termos mensuráveis do conhecimento final que se espera do sujeito" (p. 56); 2) Necessidade de saber se os pré-requisitos básicos para os objetivos serem cumpridos estão presentes; 3) Necessidade de realimentação; e 4) Participação ativa do aluno, pois as três abordagens precisam de comportamentos observáveis.

Ressaltaremos outras características comuns entre elas: 1) constituem-se em teoria genéricas e abstratas a serem aplicadas a qualquer particular, podendo, com isso, serem caracterizadas como teorias tradicionais, no sentido descrito no primeiro capítulo deste trabalho: e 2) separam o processo e o conteúdo a ser transmitido em etapas, visando à eficiência na obtenção do produto, ou seja, meios e fins são discriminados, embora ambos estejam envolvidos pela mesma racionalidade: a tecnológica.

Cada uma contribui para a tecnologia educacional de acordo com o foco de sua atenção. Assim, Skinner colabora, principalmente, pelas leis do comportamento dos organismos, particularmente na sua conceituação de motivação dada pelo arranjo de contingências; a Teoria dos Sistemas, com o próprio conceito de sistema e suas peculiaridades, e a Teoria da Informação, com o exame da eficiência de transmissão de informações de diversas fontes e canais.

Essas três abordagens, particularmente a análise de sistemas e a teoria da informação, guardam relação direta com os processos industriais; aliás, surgiram dentro deles. A análise de sistemas teve um grande desenvolvimento na Segunda guerra mundial. Em 1954, estava presente na General Electric, que recebeu o primeiro computador para fins contábeis (cf. BRENON, *apud* DIB, 1974). A Teoria da Informação tem sua origem na área de comunicação elétrica, em 1837, através do telégrafo elétrico de Morse, segundo Dib (1974). Já a teoria comportamental de Skinner é analisada por Kvale (1975), que mostra a sua relação com as práticas fabris da escola.

Como ressaltamos anteriormente, os objetivos e características dessas três abordagens aplicadas ao ensino, quais sejam, o estabelecimento de objetivos operacionais, a divisão do processo em etapas e a ênfase na eficiência, assemelham o ensino e a indústria.

O COMPUTADOR NO ENSINO

No que se refere às influências do modo industrial de produção, Kvale (1975) aponta, entre outras, a do taylorismo. Uma das características principais do taylorismo, cuja presença no tecnicismo é indicada também por Saviani (1984), é a separação entre decisão e execução da tarefa; outra característica é a própria divisão da tarefa, que resulta em partes interdependentes nos processos de sistematização, alheias umas às outras, na execução da tarefa.

Se as influências recebidas pela tecnologia educacional enfatizam a divisão de tarefas e a divisão entre a decisão e a execução da tarefa, então, o resultado da aplicação, provavelmente, será o da formação de indivíduos que recebem informações parceladas, como produtos acabados, sem relação entre si e, portanto, sem inserção na totalidade social.

Quanto à questão que explicitamos anteriormente, que se refere à relação entre tecnologia educacional e transformações sociais, poderíamos dizer, calcados nas influências que a tecnologia educacional recebeu, que essa, por propor formas abstratas e universais de cumprir determinados fins, ou seja, por advogar em favor da neutralidade da técnica, agem de forma semelhante aos modos de produção material. De um lado, aumentam a eficiência na execução das metas estabelecidas, metas essas de caráter político-pedagógico e, de outro lado, colaboram para a transmissão fragmentada e especializada de conhecimentos, desvinculados do cotidiano e da história, podendo ganhar um sentido absoluto pela sua forma de transmissão. Como dito antes, a fragmentação do trabalho produtivo chega ao ensino, aumentando a fragmentação da transmissão de conteúdos. Nesse sentido, é difícil supor que a tecnologia educacional auxilie na constituição de consciências críticas, que levariam a alterações sociais, como é proposto na concepção histórico-social. Parece-nos que ela está mais próxima da concepção técnico-científica do que os seus adeptos supõem.

Um outro aspecto atribuído à tecnologia educacional é o da sua originalidade, enquanto proposta. A esse respeito, Oliveira (1977) alega:

> *Menos que uma escola, um movimento ideológico ou histórico, uma corrente de pensamento, uma reação, a tecnologia educacional – em perene adaptação e transformando os conhecimentos de um determinado momento – passa a significar uma estratégia de inovação* (p. 11).

A TECNOLOGIA EDUCACIONAL E A TRANSFORMAÇÃO... 119

Goldberg (1980) explicita um contínuo de inovação educacional, retirado do Conseil Franco Quebecois pour la Prospective et l'Inovation en Education. Esse contínuo estabelece a seguinte gradação: a) Inovações do tipo conservador: tendem a manter o sistema atual; b) Inovações do tipo reformista moderado: visam a melhorar a eficiência do sistema; c) Inovações do tipo reformista avançado: embora os fins dos sistemas não sejam questionados, a médio e a longo prazo podem fazê-lo pelo próprio caráter avançado dessas inovações; d) Inovações de tipo revolucionário moderado: o sistema escolar é questionado e, como para esses inovadores, a escola é um meio de transformar a sociedade, propõe uma nova escola na qual a relação professor-aluno seria alterada em sua natureza; e)Inovações de tipo revolucionário avançado: as inovações não são especificamente direcionadas à escola, mas a várias instituições, com a finalidade de alterações sociais; e f) Inovações de tipo "nihilista": na verdade, não se trata de inovação, mas da desescolarização social, ou seja, o fim do sistema escolar.

Esse contínuo aponta para diversas possibilidades de análise. No nível político-pedagógico, que se refere à relação escola-sociedade, a inovação pode manter ou alterar as estruturas sociais. No nível pedagógico, que se refere mais diretamente à relação professor-aluno, a inovação pode propor modificações. No nível didático, que se refere às formas de transmissão de conteúdos, a inovação pode aperfeiçoar essa tarefa. No entanto, esse contínuo peca por não se referir à origem da inovação, ou seja, por não perguntar a quais necessidades sociais vêm responder essas inovações. Assim, tem um caráter unilateral: privilegia a modificação social dada pela modificação na educação, mas não explicita a modificação do ensino devido a modificações sociais.

Mas, feita essa ressalva, utilizaremos esse contínuo para situarmos as tecnologias educacionais ou as propostas de uso do computador no ensino, sempre dentro do escopo maior deste trabalho, tentando superar a crítica que lhe fizemos. Assim, podemos tecer considerações sobre as duas concepções de tecnologia educacional vistas anteriormente à luz desse contínuo. Na concepção técnico-científica, a ênfase é na eficiência do ensino em transmitir informações, não havendo preocupações com alterações sociais de base. Dessa forma, a tecnologia educacional é entendida como um conjunto de recursos que aperfeiçoa o ensino existente e podemos então considerar que o caráter de inovação dessa concepção seja, no máximo, "reformista moderado".

120 O COMPUTADOR NO ENSINO

Quanto à perspectiva histórico-social, poderíamos considerá-la na categoria de inovação educacional denominada "revolucionária moderada", pois questiona o sistema escolar tal como existe e atribui à escola um papel importante na transformação social. No entanto, como nessa perspectiva não há propostas sobre a utilização da tecnologia educacional, é difícil avaliar o papel inovador da tecnologia educacional para o ensino e, mais do que isso, por não tematizar a influência que os meios de produção têm sobre o ensino, tememos que o caráter de inovação recaia, no cotidiano, na mesma categoria que a da perspectiva técnico-científica.

De outro lado, a definição técnico-científica, apesar de não explicitar sua vinculação histórica, não deixa de propor funções sociais importantes para a escola, tais como, a democratização de informações e o aperfeiçoamento técnico do trabalhador, ambos necessários para a evolução econômica e política da sociedade. A tecnologia educacional pode auxiliar nesses intentos, devido à sua eficiência. Embora essa eficiência, ao menos no Brasil, pareça questionável:

> Um modo de se avaliar o impacto da tecnologia educacional seria através da seguinte questão: Que aconteceria se o mundo da educação nunca tivesse ouvido falar da tecnologia educacional?... Em duas palavras: não muito. Outra maneira seria a de se perguntar sobre a contribuição da tecnologia educacional para a melhoria da qualidade da educação. Novamente, a resposta seria negativa, com a possível exceção do setor de treinamento industrial e da educação técnica, o que não é irrelevante. Um terceiro modo de se aferir esse impacto seria perguntar: será que as tecnologias educacionais contribuíram para obter melhores razões de custo/efetividade nas atividades educacionais? Novamente, a resposta é: não muito (OLIVEIRA, 1980, p. 62).

Mas, mesmo que fosse eficiente nas funções que propõe cumprir, ainda assim poderíamos objetar que: 1) A visão que tem da escola e da técnica não leva em consideração as contradições entre as forças produtivas e as relações sociais; trabalha sob a égide da racionalidade tecnológica e de algumas idéias liberais, tal como a de que a escola

A TECNOLOGIA EDUCACIONAL E A TRANSFORMAÇÃO... 121

pode reparar as disfunções sociais; e 2) A ênfase nas técnicas não permite explicitar os conteúdos que deverão ser transmitidos, ou seja, as informações consideradas objetivas escondem os processos que as tornam objetivas e a visão de mundo a que se associam.

A definição histórico-social tenta superar essas objeções. Coloca a tecnologia a serviço de um projeto histórico-pedagógico comprometido com o materialismo histórico. Parece-nos importante para uma atuação política conseqüente ter tal concepção, mas ainda podemos objetar que, ao ressaltar que a tecnologia educacional não pode ser um fim em si mesma, mas um recurso para a educação cumprir os seus objetivos colocados dentro da ótica histórica, e, ao mesmo tempo, ao não considerar a relação entre a técnica e o meio onde foi criada, ou para o qual foi criada, apresenta um impasse: se os meios não podem ser fins em si mesmos, eles se relacionam com a esfera de onde surgiram e a negação dessa relação implica neutralidade do meio quando utilizado em outra esfera. Em outras palavras, se o computador, por exemplo, nasce ou é proposto inicialmente para a produção material, guarda relações com essa, e quando é proposto ao ensino e se nega a sua origem, por essa não ser explicitada e problematizada, ele é suposto como neutro, pois passa a ser aplicado a diversas esferas, e a própria distinção dos objetivos diferentes dessas esferas, a da produção e a do ensino, é negada.

A noção de neutralidade técnica pode levar à de neutralidade política, quando essa última passa a ser concebida, também, como técnica, renegando a práxis, como descreve Habermas. Mas se a racionalidade tecnológica é a ideologia contemporânea, ela, de fato, se apresenta em diversas esferas, tais como a da política e a educacional, mas não percebê-la ou denunciá-la é agir em favor da conservação do *status quo*.

Em suma, a definição histórico-social não reflete sobre a influência que a tecnologia oriunda da esfera da produção possa ter sobre a escola, que mina por sua vez a possibilidade daquela transmitir um saber voltado, simultaneamente, para a produção e para a consciência social. Ao não analisar cada um dos meios da tecnologia educacional, quanto às suas características e ao como essas trabalham com os conteúdos e ao não propor qual a possibilidade de superar essas características que pré-formam o conteúdo a ser transmitido, constitui-se em teoria que não permite conceber a transformação da prática.

A tecnologia educacional surge, como salienta Skinner (1972), para dar educação eficiente a uma grande quantidade de pessoas.

Vários de seus instrumentos provêm dos meios de comunicação de massa, que veiculam programas orientados para o lazer e para o consumo. Entre esses instrumentos se encontram: a televisão, o rádio e o projetor de filmes.

Mcluhan (1969), estudando os meios de comunicação de massa, alega que o próprio meio, através de suas características, torna-se a mensagem:

> *Pois a 'mensagem' de qualquer meio ou tecnologia é a mudança de escala, cadência ou padrão que esse meio ou tecnologia introduz nas coisas humanas* (p. 22)

e

> *...o meio é a mensagem, porque é o meio que configura e controla a proporção e a forma das ações e associações humanas* (p. 23).

Esse autor distingue os meios "quentes" dos meios "frios":

> *Um meio quente é aquele que prolonga um único de nossos sentidos e em 'alta definição'... Já uma caricatura ou um desenho animado são de 'baixa definição', pois fornecem pouca informação visual. O telefone é um meio frio, ou de baixa definição, porque ao ouvido é fornecida uma magra quantidade de informação. A fala é um meio frio de baixa definição, porque muito pouco é fornecido e muita coisa deve ser preenchida pelo ouvinte. De outro lado, os meios quentes não deixam muita coisa a ser preenchida ou completada pela audiência. Segue-se naturalmente que um meio quente, como o rádio, e um meio frio, como o telefone, têm efeitos bem diferentes sobre seu usuário* (p. 38).

Comparando os meios "quentes" com os meios "frios", Mcluhan mostra que os meios frios permitem maior participação, são mais envolventes. A televisão, considerada como um meio frio, uma vez que, apesar da quantidade de pontos por segundo que apresenta, traz a imagem em mosaico, requerendo uma alta participação na formação e interpretação das imagens, exige um grande envolvimento do

A TECNOLOGIA EDUCACIONAL E A TRANSFORMAÇÃO...

usuário, o que dificulta a separação entre a realidade e a ficção. O cinema, que é considerado um meio quente, pois apresenta "fotografias" em movimento e essas transmitem muita informação, permite um distanciamento maior do espectador. Na análise que esse autor faz dos meios de comunicação, esses são separados dos conteúdos transmitidos, mas, se os conteúdos são importantes para o emissor e para o receptor, o mérito do trabalho desse autor é o de apontar para o fato de que os canais que transportam os conteúdos interferem na forma pela qual a mensagem é decodificada. É óbvio que a relação dessa teoria com a Teoria da Informação é direta, mas essa última não considera a relação canal-receptor do ponto de vista psíquico.

Apesar das restrições que são feitas ao trabalho de Mcluhan (ver a respeito COHN, 1978) no que toca à sua não originalidade e à sua não percepção histórica dos meios de comunicação, os dados explicitados acima interessam a este trabalho por três motivos: 1) permitem distinguir os instrumentos da tecnologia educacional quanto aos seus efeitos psíquicos; 2) permitem confrontar a noção de aprendizagem ativa, ressaltada no Behaviorismo por meio do comportamento operante, com o envolvimento "ativo" que alguns meios de comunicação exigem; assim, a televisão, embora não apresente um "diálogo" com o usuário, pode exigir um envolvimento maior do que as máquinas de ensinar; e 3) evidenciam que não devemos nos preocupar somente com o conteúdo a ser transmitido no ensino, mas, também, com o meio que o transmite.

Se considerarmos os diversos tipos de tecnologia educacional como meios de comunicação de massa e, mais especificamente meios de ensino de massa, podemos compará-los com os meios de ensino interpessoais. Os meios de ensino de massa seriam aqueles que podem reproduzir as mesmas informações a um grande número de pessoas, por um longo período de tempo, e que transmitem informações com pouca ou nenhuma ambigüidade, fazendo com que a comunicação "livre" entre o aprendiz e o meio seja a menor possível. Poderíamos considerar uma comunicação "livre" aquela que é dada pelo contato pessoal entre agente e receptor, ou seja, aquela na qual dois ou mais sujeitos se apresentam com pensamentos, emoções, valores que medeiam tal comunicação. Nos meios de ensino de massa o grau de impessoalidade deve ser alto. Dentro dessa categoria, consideramos os diversos meios eletrônicos e/ou mecânicos tais como televisão, rádio, cinema, máquina de ensino, computadores e materiais didáticos.

Cabe ressaltar que dois critérios sustentam essa definição e a distinção subjacente: 1) A transmissão de informações unívocas (sem ambigüidade), ou seja, com um único sentido; e 2) Os meios (canais) que os transmitem. Assim, um livro pode pertencer ou não a essa categoria, dependendo de seu conteúdo. Um professor, porém, por mais que tente transmitir informações de forma unívoca e uniforme, é afetado, por um lado, pelos fatores do cotidiano que podem influenciar seu desempenho, tais como as perguntas e posicionamentos dos alunos. E, por outro lado, como aponta Skinner (1972), sendo um organismo, pode emitir diversos estímulos, através de sua gesticulação e expressão corporal. Assim, nesse caso, a univocidade da transmissão do conteúdo é impossibilitada pelo próprio meio.

Claro que, também em um filme, um personagem pode transmitir esses estímulos, que comprometam o sentido único da mensagem. Mas há, pelo menos, duas diferenças entre a atuação de uma pessoa em um filme e a atuação dessa pessoa ao vivo: 1) no filme, esses estímulos podem ser controlados ao máximo pela própria técnica de filmagem, enquanto que, ao vivo, por mais que haja controle por parte da pessoa, não existe a possibilidade de reativação (refilmagem) e 2) no filme, a pessoa não tem possibilidade de se comunicar diretamente com a platéia e essa com ele, o que não acontece com a situação ao vivo, na qual não pode haver controle máximo, pois não se sabe qual será a atuação dos ouvintes.

Em relação à atuação de um ator, ao vivo, no teatro, e à sua atuação em filme, Benjamin (1983) diz:

> ...o intérprete do filme, não apresentando ele próprio a sua performance, não tem como o ator do teatro, a possibilidade de adaptar a sua atuação às reações dos espectadores no decorrer da representação. O público acha-se, assim, na situação de um perito cujo julgamento não fica perturbado por qualquer contato pessoal com o intérprete. Só consegue penetrar intropaticamente no ator se penetra intropaticamente no aparelho. Toma, assim, a mesma atitude do aparelho: examina um teste (p. 15).

Os meios de ensino interpessoais, por sua vez, são aqueles que se modificam na atuação, na relação com o aprendiz. A comunicação

A TECNOLOGIA EDUCACIONAL E A TRANSFORMAÇÃO... **125**

livre é a máxima possível e as informações transmitidas podem conter diversas interpretações. Um livro, um filme, por mais que possam trazer diversas possibilidades de interpretação, não permitem comunicação direta; há uma barreira entre o emissor e o receptor da mensagem.

Claro, essas duas categorias podem ser extremos dentro de um contínuo, mas, nesse contínuo, a partir de determinado ponto, a subjetividade se torna objetividade, a singularidade se torna uniformidade.

Baudrillard, segundo Santos (1984), contrapõe os meios de comunicação de massa à comunicação intersubjetiva, que são similares às nossas definições de meios de ensino de massa e os interpessoais:

> *O que caracteriza os meios de comunicação de massa é que eles são antimediadores, intransitivos, é que fabricam a incomunicação. Toda a arquitetura atual dos meios baseia-se nesta definição: eles são aquilo que proíbe para sempre uma resposta. Por isso, a única revolução nesse campo (...) encontra-se na restituição dessa possibilidade de resposta. Tal possibilidade supõe a transformaçãoo radical de toda a estrutura dos media. A fala passa atualmente pela destruição dos media enquanto tais, por sua desconstrução enquanto sistema de incomunicação* (p. 39).

Essa crítica de Baudrillard tem base na teoria de Lacan, que por sua vez salienta a redução da linguagem à sua dimensão funcional, presente nas teorias de comunicação dos meios, como supressora essencial da comunicação humana: a intersubjetividade dos locutores, a reciprocidade, a ambivalência do intercâmbio, na qual a função principal da linguagem não é a de informar, mas sim a de evocar.

Por fim, neste capítulo citaremos uma última distinção quanto ao que consideramos "meios de ensino de massa", que será útil para o próximo capítulo. Essa distinção se refere aos conceitos de "hardware" e "software":

> *Hardware designa, de modo geral, equipamentos utilizados em um sistema qualquer. Em educação*

corresponde a projetores, máquinas de ensinar, TV, computadores usados no ensino, simuladores, rádio, etc. Por outro lado, software corresponde às informações que serão apresentadas ao estudante por meio de hardware (Dɪʙ, 1974, p. 198).

Ou seja, hardware designa o canal (meio) pelo qual a mensagem é transmitida e software a configuração da própria mensagem. Essa distinção é útil porque nos recoloca a questão da relação entre o canal e a mensagem. A mensagem transmitida deve ser adaptada ao canal, ou seja, respeitar os seus limites. Além disso, é importante ressaltar que, como vimos através das idéias de Mcluhan (1969), a recepção da mensagem pode ser diferente de acordo com o canal pelo qual ela é transmitida.

Não é nossa intenção dar importância a um estudo dos meios separado do estudo da mensagem; ao contrário, pensamos que para uma visão adequada do que é transmitido por esses meios de ensino, devemos nos basear na interação entre canal e mensagem, sem esquecer a origem e os propósitos de cada um; aliás, os limites do emprego desses meios na educação, do ponto de vista didático, só podem ser percebidos no estudo dessa interação, pois a questão básica é saber como deve ser dada a configuração da mensagem nesses meios e os efeitos que essa tem sobre o receptor.

Cabe enfatizar que, embora o software possa adaptar o uso de um hardware para outras esferas que não aquela para a qual foi criada, essa adaptação depende dos limites do hardware. Assim, a observação feita no início deste capítulo sobre a influência que os processos de produção têm sobre o ensino é mantida.

A partir do que pudemos caracterizar neste capítulo sobre a tecnologia educacional, passaremos agora a analisar as propostas de utilização do computador no ensino.

CAPÍTULO 5

O COMPUTADOR NO ENSINO E O AJUSTAMENTO DO PENSAMENTO

La consciencia se declara en bancarrota ante una realidad, que al nivel actual no se presenta palpablemente, sino como función y abstracción en sí mesma. Su figura es el computador, con el que trata de igualarse el pensamiento y a cuya mayor gloria se eliminaría asi mesmo con el mayor gusto. Un pensamiento reproductivo careceria de reflexión, sería una contradicción y no de las dialécticas. (ADORNO, *Dialectica Negativa*)

O computador começa a ser aplicado à educação com fins didáticos nos Estados Unidos, no final da década de 50, em uma indústria de computadores, a IBM, e a primeira disciplina curricular a ter o suporte desse instrumento foi a Matemática. Assim, em janeiro de 1963, o Instituto para Estudos Matemáticos em Ciências Sociais da Universidade Stanford inicia um programa de pesquisa e desenvolvimento em Computer Assisted Instruction, cujo primeiro programa era do tipo tutorial e versava sobre lógica-matemática elementar. Até 1965, as crianças eram transportadas de suas salas para a universidade para receber suas lições, mas nesse mesmo ano: *"...41 crianças do quarto ano tiveram lições de treino e prática de aritmética em sua classe com uma máquina teletipo que era conectada ao computador do Instituto por linhas telefônicas"* (SUPPER E MACKEN, 1978, p. 9).

Dos anos 60 para cá novas linguagens de programação foram criadas para facilitar a utilização do computador, tanto no tocante à programação propriamente dita, quanto no que se refere à interação do usuário com o programa, tais como as linguagens Basic e LOGO.

128 O COMPUTADOR NO ENSINO

A partir de 1975, com a criação de microcomputadores, a sua aquisição pela população do ponto de vista técnico e econômico foi facilitada. Os tipos de uso do computador para fins didáticos se ampliaram e, além dos modos tutorial e "drill and practice", surgiram os "games educativos" e softwares de simulação. Da mesma forma, os softwares educativos passam a se destinar não só à matemática e ao aprendizado de línguas, mas também às ciências físicas, biológicas e sociais.

Mas para que a escola possa se utilizar desse instrumento é necessário que os conhecimentos transmitidos por ela, de um lado, e os procedimentos pedagógicos e didáticos, de outro lado, sejam adaptáveis a ele. Isto significa que os conhecimentos sejam considerados sem ambigüidades e sem contradições, possam ser fragmentados dentro de uma seqüência lógica, e possuam independência daquele que o transmite, ou seja, não devem envolver interpretações derivadas de reflexões, que são possíveis na presença de um professor.

Evidentemente, o uso do computador no ensino permite uniformizar procedimentos pedagógicos e assim obter-se um maior controle sobre aquilo que é transmitido e a sua conseqüente avaliação. Caso esses procedimentos se instalem numa rede de ensino, a própria divisão de tarefas e a separação entre deliberação e execução são ampliadas. Tal como na fábrica, o processo de produção pode ser otimizado. Trata-se do processo de racionalização que fortalece a sua presença na escola.

O caráter ideológico desse processo foi apontado nos capítulos anteriores deste trabalho, restando agora a tarefa de verificar como ele é sugerido na escola, através da análise das propostas de uso do computador no ensino com fins didáticos. Não estão em questão a utilização do computador para fins administrativos e o aprendizado de programação relacionado à profissionalização, mas a transmissão do saber e de modos de pensar através dele.

Como o processo de racionalização permeia a sociedade como um todo e em cada uma de suas esferas, é necessário entendê-lo tanto em seu sentido mais amplo, expressado na política e na ideologia, como em seu sentido mais específico, no caso a escola, onde se expressa na Pedagogia e na Didática. Para isso, utilizaremos quatro níveis de análise para o estudo das propostas de uso do computador no ensino: nível Político-Pedagógico, nível Teórico-Ideológico, nível Pedagógico e nível Didático.

No primeiro nível de análise – o Político-Pedagógico –, aquelas propostas serão investigadas utilizando-se as duas tendências da

O COMPUTADOR NO ENSINO E O AJUSTAMENTO...		129

tecnologia educacional descritas no capítulo anterior: a histórico-social e a técnico-cientifíca; no segundo nível de análise – o Teórico-Ideológico –, serão relacionadas as teorias psicopedagógicas subjacentes às propostas com a ideologia da racionalidade tecnológica; no nível Pedagógico, será refletida a relação professor-computador-aluno à luz da discussão do capítulo anterior sobre meios de ensino de massa e meios de ensino interpessoais; por fim, no nível Didático, aquelas propostas serão discutidas tomando como base as características do computador, particularmente, a sua logicidade, e os efeitos possíveis sobre a aprendizagem.

A própria inter-relação desses níveis de análise já indica que não é possível considerar de forma isenta de valores o uso de um equipamento proposto à educação, o que por si só configura uma crítica a uma análise puramente técnica de qualquer instrumental. Mas passemos ao primeiro nível de análise.

1– Nível Político-Pedagógico

As duas tendências da tecnologia educacional esboçadas no capítulo anterior, a histórico-social e a técnico-científica, distinguem-se pela concepção de sociedade que têm e, portanto, de sua relação com a educação, o que leva também a diferentes considerações sobre a introdução da tecnologia na escola.

Na perspectiva histórico-social, reconhece-se a determinação dos processos de produção sobre a educação expressada na introdução da tecnologia no ensino:

> *...a informática na educação foi mais uma imposição do estágio da industrialização e do debate político da sociedade global do que um anseio dos meios educacionais. Quanto muito as grandes escolas que adotaram uma posição mais próxima dos modelos mercantis-industriais é que trouxeram para suas salas o computador* (ALMEIDA, p.118, nota de rodapé).

Ou seja, o avanço social pressiona a educação para que volte os seus objetivos para aquele, o que seria menos problemático, caso o progresso beneficiasse a todos. Mas, além disso, o progresso

130   O COMPUTADOR NO ENSINO

tecnológico age sobre a consciência de forma ideológica, influindo
sobre a própria forma de pensar:

> A tecnocracia guarda uma relação estreita com o
> totalitarismo. Enquanto o totalitarismo tipo nazista
> era uma agressão à razão, o de agora se apresenta
> como o totalitarismo da própria razão. Ele elimina
> todas as dimensões do real que não caibam na
> 'ratio' técnica: ele opera fundamentalmente no
> plano ontológico e epistemológico (p. 18).

E as dimensões do real que não são expressas pela razão técnica
são: a subjetividade e as contradições sociais, pois elas não são
operacionalizáveis. Almeida, autor das afirmações acima, aponta para
as contradições entre as relações de produção expressadas pela luta
de classes e o avanço das forças produtivas, e tenta isentar a técnica
de sua origem. Assim, considera que o desenvolvimento tecnológico
é um ganho de toda a sociedade e não de uma classe social específica,
e a utilização do computador no ensino deve ser entendida dessa
forma, mas as críticas que faz a esse instrumento já mostra a
dificuldade ou até a impossibilidade de seguir esse caminho. Em uma
de suas críticas, mostra que no computador uma ação transformadora
através do trabalho concreto é substituída por descrições,
privilegiando, mais uma vez, o trabalho intelectual em detrimento do
trabalho manual. Mas, segundo o autor, mesmo dentro desse trabalho
intelectual, o pensamento corre o risco de ser uniformizado, pois
mesmo na atividade de programação o algoritmo é estabelecido de
maneira uniforme para se obter um resultado formal e matemático.
Ou seja, esse autor aponta que o uso do computador no ensino traz a
possibilidade de auxiliar a reprodução das desigualdades sociais, pois
ao nível ideológico, de um lado, o trabalho intelectual é valorizado
em detrimento do trabalho manual e, de outro lado, a linearidade da
lógica funcional pode levar a uma alienação dos problemas sociais e
a uma perda da riqueza da relação pessoal, que não é possível pela
relação com aquele instrumento.

Por essas razões, que Almeida (1984) muito adequadamente
aponta, o uso do computador no ensino implica uma compreensão
do real reduzida à sua lógica, perdendo a sua significação enquanto
construção humana e, portanto, histórica. Mas, se essa reificação do
real pode ser atenuada pela presença do professor junto a esse

O COMPUTADOR NO ENSINO E O AJUSTAMENTO... 131

instrumento e por uma adequada compreensão do que ele é, ela não pode ser eliminada. Além disso, como ele mesmo indica, o próprio computador, representante da racionalidade tecnológica, já traz consigo a imagem de um mundo cibernético, no qual os problemas do sistema são resolvidos por equações matemáticas.

Claro, o computador é um instrumento, fruto do trabalho humano acumulado, mas aparece desprovido de características humanas. Se representa o domínio que os homens têm sobre a natureza e sobre parte da natureza de seu pensamento, esse pensamento perde a sua naturalidade ao apresentar-se como protótipo do pensamento perfeito sem interferência daquilo que é próprio ao homem: a sua história.

Mais do que isso, a formalização da qual o computador é fruto e propagador despossui tanto as contradições sociais, que não consegue processar, quanto a interferência subjetiva necessária ao pensamento, que permite que ele seja mais do que a mera reprodução do mundo pensado. Ou seja, consoante com o que discutimos anteriormente, a introdução do computador no ensino não só aponta para a aproximação da escola ao setor de produção, como também contribui para a eliminação da reflexão sobre o real.

Já, a tendência técnico-científica não analisa essas questões, pois isso seria contraditório à idéia do progresso linear e independente das relações de produção. Assim é que Chaves (In: CHAVES e SETZER, 1987) defende o uso da informática no ensino brasileiro, pois ela pode auxiliar a preparar o indivíduo para a sociedade informatizada do século XXI, a diminuir a distância entre as escolas públicas e privadas e a diferenciar entre o pensamento mecânico e o pensamento artístico e intuitivo. Ou seja, a infomatização escolar poderia resolver problemas sociais presentes na dualidade do ensino, contribuir para a adaptação do indivíduo aos novos tempos e permitir delimitar e desenvolver os tipos de pensamento necessários para a aprendizagem repetitiva e para a aprendizagem artística e intuitiva

Esse autor aponta, também, assim como Ripper (1983), para a inevitabilidade da sociedade informatizada e, assim, para a necessidade de que a informática seja apropriada pela escola, para que outros setores não o façam por ela. Não se trata, portanto, de se refletir sobre a sociedade, que deveria ser um dos objetivos da escola e da educação em seu sentido mais amplo, mas, "simplesmente", de se adaptar às suas demandas, pois considerar a distância entre o ensino público e privado, tentando aproximar o primeiro do segundo, é, em primeiro lugar, desconhecer que esta distância tem caráter social e, em segundo lugar, é afirmar aquilo que é ensinado no ensino privado sem perceber que esse também é adaptativo. Da mesma forma, querer dar instrumental para o indivíduo se adaptar à sociedade informatizada é já aceitá-la sem críticas. Quanto à terceira vantagem citada, de o computador auxiliar no desenvolvimento do pensamento, cabe ressaltar que Berstein (apud FREITAG, 1984) mostra que o código lingüístico configura as estruturas cognitivas e um código restrito limitaria as competências cognitivas e lingüísticas; ora, quando pensamos sobre o código das linguagens de computador mais utilizadas no ensino – LOGO e BASIC –, não podemos atribuir-lhes outras características além de restritas e reducionistas. Já o argumento de que não devemos mais discutir se o computador deve ser utilizado no ensino, mas o como ele deve ser utilizado, devido ao seu freqüente uso e à inevitabilidade do progresso, é duplamente criticável. Primeiro, porque no Brasil não é, ainda, inteiramente verdadeiro que o computador esteja amplamente disseminado e, segundo, porque ao tentar mostrar uma realidade estabelecida – a de que uma prática é freqüente – não lhe garante a priori o seu caráter racional; a realidade desmente freqüentemente essa suposição.

Como se pode perceber, trata-se de uma postura ideológica que aplaina da consciência a possibilidade de se pensar o mundo com outras categorias que não as da lógica, ao invés de se utilizar as próprias categorias do real. O que é perfeitamente coerente com a formalização dos conteúdos disciplinares e dos processos do pensamento "efetuados" pelo computador, pois o tratamento lógico-matemático das informações ganha a aparência de neutralidade, que denota a imparcialidade de suas transmissões. No encobrimento da gênese dessas informações e dos critérios que as tornam matematizáveis, aquela postura caracteriza-se como ideologia, que ora "vende" a si mesma, ora "vende" conteúdos e valores próprios à ordem social que legitima.

Nesse sentido, Rothe (1983) cita um pacote de softwares intitulado Snooper Troops: "The Desappearing Dolphin", que segundo o autor é:

> ...baseado inteiramente sobre o modelo de pensamento analítico compreendido de um processo de raciocínio rigidamente estruturado, cuidadoso e bem definido. Este modelo é unido à solução de problemas que provêm da ciência... Se o software acre-

O COMPUTADOR NO ENSINO E O AJUSTAMENTO...   133

dita na ciência como o único método para solucionar problemas definidos socialmente, a ideologia do cientificismo aparece. Exemplos de outras ideologias que podem ser encontradas em alguns softwares educacionais são: consumismo, sistema de administração, tecnologismo e militarismo. (p. 10)

Mas, apesar de Rothe ressaltar a "neutralidade comprometida" do software, não mostra a impossibilidade de esse ser neutro em função do hardware, pois não se trata somente dos conteúdos transmitidos pelo software, mas também da logicidade do hardware. Conforme vimos no segundo capítulo, é o logicismo que é ideológico e, assim, é contraditório (no sentido lógico) à postura histórico-social o uso de um instrumento fruto e propagador de um mecanismo social – a racionalidade tecnológica – que auxilia no encobrimento das contradições sociais que ela almeja superar, a não ser que se possa prescindir da consciência na transformação da sociedade.

Na questão do uso do computador no ensino, contudo, essa posição aponta para a necessidade de adaptá-lo a fins progressistas. Assim, Guédez (1982) diz a respeito da adaptação da tecnologia ao ensino que:

> *... a interpretação histórica-ideológica da educação imporá um espaço de consideração mais ampla e exigente ao determinar que a formulação da Tecnologia Educacional seja concebida a partir de um projeto global que não a isole do seu contexto mas, pelo contrário, responda aos esquemas globais de uma ordem social e histórica que se pretende instaurar* (p. 10).

E, Almeida (1984) alega que:

> *O computador embora nascido de uma dada civilização e para solucionar dados problemas hoje é um patrimônio transcultural. A absorção crítica de sua utilização na educação deve ser precedida de análise das questões mais radicais que afligem esta dimensão da cultura brasileira* (p. 138).

O que há de comum nos dois trechos é o resgate de técnicas comprometidas com um progresso cego e opressivo, apontando para a possibilidade de sua isenção frente a esses compromissos. Pensemos nessa possibilidade. Como enfatizamos anteriormente, o computador "nasce" num momento em que a cultura se encaminha para um processo de racionalização crescente. A sua presença na racionalização da escola indica que essa deve se conformar ao todo e adaptar os seus alunos a ele. O computador no ensino, como dissemos, devido ao seu hardware, presta-se ao domínio da lógica formal. Essa é adequada, e já mostrou isto, na dominação da natureza, mas essa dominação como apontam Adorno e Horkheimer (1985) é associada à dominação do homem pelo outro e por si mesmo. A educação, assim, favorece a formação do homem como um instrumental de controle da natureza, mas não de sua compreensão, a não ser nos termos próprios dessa lógica da dominação.

A eficácia e a eficiência com as quais se propõe o computador no ensino têm objetivos precisos e caminha num sentido contrário à formação do cidadão, que é um objetivo comum a diversas correntes pedagógicas. No caso da perspectiva histórico-social, a consciência política é fundamental para essa formação, e, assim, voltamos à questão da relação entre consciência política e competência técnica, cuja análise é semelhante à que fizemos da proposta de Freitag (1984), de a escola facilitar o desenvolvimento do pensamento lógico nos seus alunos, sobre a qual ainda se pode comentar que a consciência política não se reduz à competência "formal", pois o fazer e o compreender na ação política e na ação técnica deveriam envolver objetos e mediações distintas.

O resgate do computador no ensino não supera a questão da dominação, da mesma forma que uma educação que não reflita sobre a formação técnica não se supera. De outro lado, uma educação que proponha uma reflexão crítica sobre o computador, sobre a forma que trabalha o conhecimento, reduzindo-o às categorias da lógica formal, já o torna inviável para esse uso.

Em suma, a questão que se coloca para a perspectiva histórico-social é a de como superar uma tecnologia que inerente a si traz a lógica de dominação da ordem que a criou. Essa lógica, no caso do computador, se atrela à razão instrumental, reduzindo o entendimento do mundo às suas categorias. Assim, só é possível pensar que o computador no ensino possa se associar com alterações sociais para a construção de uma ordem mais justa, se julgarmos que essas alterações prescindam do agir político.

O COMPUTADOR NO ENSINO E O AJUSTAMENTO...   135

Já, a perspectiva técnico-científica é favorável ao modelo de pensamento veiculado pelo computador, o que pode ser inferido da associação que La Taille (1988) faz entre esse e a Filosofia:

> *Aqui, não é propriamente o domínio sobre a máquina que importa, mas sim as dimensões metafísicas que tal domínio levanta; dito de outro modo, não é tanto o êxito na resolução de um problema que é buscado, mas sobretudo a compreensão desse êxito, a reflexão sobre suas condições e a generalização destas últimas para outros conteúdos. Essa tarefa talvez servisse para desmentir a idéia, freqüente, segundo a qual filosofar é emitir opiniões, e mostrar que, pelo contrário, filosofar é esgrimir-se com as próprias intuições e debelar aquelas que não resistem à construção de um rigoroso e harmonioso edifício dedutivo; mostrar, enfim, que filosofar é servir-se das estruturas lógicas que sustentam e organizam nosso pensamento. Ora, o computador coloca em destaque a lógica e pode um professor habilidoso levar os alunos a transcenderem o aspecto demasiadamente técnico que ela reveste no trabalho de programação e a reencontrá-la num campo talvez mais atraente e inesperado. Poderia ele também frisar que a Filosofia e a Lógica, entendida agora como reflexão sobre as formas de pensar e axiomática, sempre andaram juntas e dar exemplos como Aristóteles, Descartes, Leibniz, Wittgenstein...* (p. 332)

Nesse longo trecho citado, evidencia-se a relação do computador com uma determinada filosofia encarregada de dar forma ao pensamento e ao objeto pensado, que valoriza a dedução contra a intuição. Sem querer aproximar os filósofos citados por La Taille, da maneira que esse o faz, podemos estranhar a ausência de filósofos como Nietzche, Schopenhauer, Platão, Kant e Hegel naquilo que pensam sobre a razão. Essa ausência revela que o modo de pensar subjacente à construção do computador é, também, uma questão filosófica, mas não a de uma afirmação de determinada filosofia, mas ao confronto entre elas, indicando que as filosofias que, em maior ou menor grau, dão sustentação à lógica do entendimento não são as únicas existentes e que o seu fortalecimento é que permite a unidimensionalização do pensar tal como descreve Marcuse (1982).

Já a extensão da reflexão dos êxitos obtidos no computador para outros conteúdos, aludidos pelo autor, atesta a redução desses àqueles, evidenciando a presença do mito nessa forma de pensar, que reduz tudo ao mesmo. O ritual dado pelas formas de pensar, que nos ensinam a decodificar o enigma do objeto pelas suas categorias, reduz todo o conteúdo a elas, daí a mesmice. A redução de todo conteúdo ao mesmo torna o próprio pensamento desnecessário, pois nada mais precisa ser pensado.

Ao sugerir que o professor leve os alunos a "transcenderem o aspecto demasiado técnico", e relacioná-lo a determinados sistemas filosóficos, La Taille (1988) presta-nos um serviço, o de evocar a possível relação da lógica do computador à lógica apofântica de Aristóteles, ao racionalismo cartesiano, à natureza monadológica e ao melhor dos mundos possíveis de Leibniz e a clareza da linguagem de Wittgenstein. Ora, Marcuse (1982) contrapõe a lógica apofântica de Aristóteles à lógica dialética de Platão, como vimos no capítulo 1, e relaciona a clareza da linguagem de Wittgenstein com o operacionalismo da ciência pragmática. Já Horkheimer (1983) considera os princípios cartesianos como base da Teoria Tradicional. Dessa maneira, as propostas do computador no ensino vinculados à perspectiva técnico-científica comprometem-se com uma visão de mundo que fortalece o existente.

Se na perspectiva histórico-social tenta-se assimilar a racionalidade tecnológica ao progresso, na perspectiva técnico-científica nem essa assimilação é necessária, pois ela é tida como o próprio progresso. Assim, o ingresso do computador no ensino serve para aperfeiçoá-lo. Nas palavras de Bossuet (1985):

> O computador seria, pois, um instrumento ideal para regular o sistema educativo. Ele pode ser introduzido na maioria dos processos educativos, para avaliá-los, padronizá-los e, portanto, permitir uma escolha da pedagogia a aplicar, a fim de obter uma taxa de sucesso bastante próxima do resultado previsto (p. 55).

O trecho citado mostra a escola como um sistema fabril a ser cada

O COMPUTADOR NO ENSINO E O AJUSTAMENTO... 137

vez mais racionalizado. A produção operacionalizada e a taxa de sucesso referidas não deixam dúvidas quanto a isso. Mas, se esse autor vê o computador como incrementador do já existente na escola, Harnack (1976) mostra que juntamente ao progresso tecnológico deve-se dar o progresso da operacionalização de requisitos e objetivos educacionais:

> *Os comportamentos desejados dos alunos precisam ser mais precisamente definidos, e pesquisas precisam ser direcionadas para descobrir a combinação ótima de técnicas instrucionais para produzir esses comportamentos. Nós precisamos aprender muito mais sobre os tipos de informações necessitadas pelos estudantes, professores, orientadores e administradores. Mais métodos estandartizados precisam ser desenvolvidos para codificar e recodificar essas informações, só então um processo altamente técnico pode ser utilizado eficientemente* (BUSHNELL *apud* HARNACK, 1976, p. 8).

Ora, o computador só pode ser utilizado na escola se essa já tem alguma semelhança com o processo fabril, mas o seu ingresso incrementa esse processo, e, com o aperfeiçoamento da padronização no ensino, cada vez mais técnicas como o computador passam a se tornar necessárias.

Em suma, na tentativa de superação da tecnologia no ensino, para que essa possa servir à emancipação, feita pela perspectiva histórico-social e no endeusamento dela, própria da perspectiva técnico-científica, o pensamento baseado na lógica formal é aceito como universal, no que se refere à sua aplicabilidade, e não há nenhuma crítica à forma de compreensão da realidade que supõe. Assim, surgem propostas de sua padronização através do uso do computador na escola, que é um representante dessa forma de pensar.

Mas se o pensamento considerado universal é uniformizante e está em consonância com a racionalização da escola, se o computador é representante dessa racionalização, como pode ser ele inovador? Sobre isso, Marques *et al.* (1986) proclamam:

> *Sejamos claros: instrumento novo é feito para produzir efeitos novos. O computador é um instrumen-*

138 O COMPUTADOR NO ENSINO

to *novo, recém-chegado nas redondezas da educação, e que pode, e deve, ajudar o ensino a se tornar cada vez mais ensino: fornecer conhecimento,
abrindo os caminhos do raciocínio* (p. 5).

O computador é proposto como um meio para auxiliar o aluno a desenvolver o seu pensamento e para a transmissão de conhecimentos. Sim, de fato, o ensino deve ter como fim, entre outros, o de fornecer conhecimentos e abrir os caminhos do raciocínio. Mas que tipos de conhecimentos e de raciocínio? Pelo instrumento, em si, temos indícios para a resposta: o raciocínio é o do tipo lógico-matemático e os conhecimentos são aqueles que apresentam uma estrutura próxima a esse tipo de pensar: *"O computador pode ajudá-lo (ao aluno) na parte objetiva de seu ensino e não na parte subjetiva"* (p. 30). Cabe perguntar o que pode ser considerado objetivo e subjetivo no ensino e se não se deveria refletir sobre a subjetividade perdida naquilo que é considerado objetivo, e também se a exclusão da subjetividade já não está enunciada na cisão entre sujeito e objeto.

Mas, a eficiência deste instrumento no ensino é controvertida. Norton (1983), por exemplo, alega: *"... o público e educadores percebem um potencial considerável para a aplicação do computador em sala de aula, mas a tecnologia do computador não tem ainda mudado substancialmente a educação"* (p. 16).

Essa mudança, para Norton, está associada à nova forma de relacionar os dados que o computador permite:

Um computador utiliza um símbolo que é mais abstrato que a linguagem impressa, mas cujos produtos podem ser mais transitórios e passageiros que imagens e sons do 'mass media'. A linguagem de um computador é um sistema simbólico complexo de matemática regulado pela gramática da lógica matemática. Não é manipulação de números em adições, subtrações, multiplicações e divisões, mas conceitos abstratos associados com símbolos matemáticos... Esse procedimento é tão abstrato que não há referência específica na realidade e tão concreto que há somente uma interpretação (p. 18).

De fato, a abstração com que o computador trabalha os conteúdos

O COMPUTADOR NO ENSINO E O AJUSTAMENTO... 139

é tal que esses perdem o contato com a realidade e tão unívoca como a matemática é. Sobre isto, La Taille (1988) questiona um dos usos propostos do computador no ensino: o desenvolvimento do pensamento através da linguagem LOGO. Pergunta esse autor para que serve o aprendizado desta linguagem a não ser para aprendê-la? O preocupante, contudo, não é somente a não generalização do que foi aprendido, mas uma representação do real desvinvulada deste. Uma das possíveis conseqüências dessa desvinculação é apontada por Ramozzi-Chiarottino (*apud* FAGUNDES, 1987): o verbalismo da imagem, ou seja, crianças que conseguem operar e representar, mas que ainda não estruturaram o real, tomariam a representação dada pelo computador como sendo aquele.

Outra conseqüência desta abstração do real, característica do computador, é dada por Norton. Segundo a autora, assim como a escrita, que cria hábitos de um pensamento linear, seqüencial, proposicional, analítico, objetivo, hierárquico e racional, o computador permitiria um novo tipo de pensamento calcado na inter-relação e interdependência das variáveis incluídas em um problema. A autora está se referindo à rapidez e ao trabalho simultâneo com que o computador processa os diversos dados e variáveis e a impressão da "quebra" do modelo de pensamento baseado na causalidade linear que necessita da dimensão temporal. Em outras palavras, o modelo de pensamento que o computador traz é o da múltipla relação simultânea das variáveis. É a dimensão do tempo que está em questão.

De fato, McLuhan (1969) cita Alex de Tocqueville, que mostra a homogeneização de costumes na França, causada pela introdução da linguagem escrita e a descontinuidade de costumes na Inglaterra, onde a tradição da linguagem oral resistia ao ingresso da linguagem escrita. Ou seja, os meios de comunicação geram modificações culturais. Além disso, a resolução de um problema, que abranja diversas variáveis pelo computador, se dá em um tempo inimaginável para o homem e, assim, como no nível do imaginário a corrupção dos corpos no tempo não existe, passado, presente e futuro convivem sem se remeter um ao outro. O homem pode ver no computador o Deus que é. O homem vence o seu destino, mas só no nível imaginário. O programa do computador desmente essa vitória, ele é linear, seqüencial e, portanto, temporal. Além disso, o tempo é necessário para a diferenciação humana, não necessariamente o tempo dos relógios, padronizado pela cultura, mas o tempo pleno de significação marcado pela história individual e social. E mais, a escrita permite ao pensamento se expressar, mas, não é o pensamento, da mesma forma, que a expressão do pensamento no computador também não o é. O que exprime a nova forma de expressar do computador? A forma perfeita, ele não erra e, por isso, permite a exploração dos erros dos alunos, tal como proposto no uso da linguagem LOGO. Espelho no qual devemos nos mirar e nos aperfeiçoar em função da imagem. Essa imagem é construída pela abstração, mas na visão de Norton toma o lugar daquele e daquilo que reflete.

Contudo, se Norton vislumbra a possibilidade de uma nova forma de pensar e de resolver problemas, com o ingresso do computador na cultura, Papert (1986), Fagundes (1987) e Bustamante (1987) vêem nesse ingresso a oportunidade de facilitar a aquisição do pensamento formal. Papert (1986) propõe a programação de computadores pela linguagem LOGO como uma forma de superar a divisão entre a realidade e a matemática:

> ...antes dos computadores, havia pouquíssimos bons pontos de contato entre o que é mais fundamental e envolvente na matemática e qualquer coisa existente na vida cotidiana. Mas o computador – um ser com linguagem matemática fazendo parte do dia-a-dia da escola, dos lares e do ambiente do trabalho – é capaz de fornecer esses elos de ligação. O desafio à educação é descobrir meios de explorá-los (p. 69).

Assim, Papert afirma a universalidade do uso do pensamento matemático, quando atribuído à vida cotidiana. O que está em questão é a relação entre a matemática e as outras formas de conhecimento, com a primazia da primeira, que teria como função a organização dos fatos segundo as categorias e leis daquela. Nesse sentido, lembramos a discussão, constante do primeiro capítulo deste trabalho, que estabelece uma comparação entre teoria crítica e a teoria tradicional. A visão de Papert, que aparece no trecho citado, se enquadra perfeitamente nessa última.

Antes das propostas do computador no ensino, a matemática já era ensinada. Então, devemos insistir na questão: qual é a novidade que esse instrumento traz para a escola? A novidade desse instrumento é o procedimento sistemático que ele permite para a classificação e ordenação de objetos: "...Em nossa cultura, o número está

O COMPUTADOR NO ENSINO E O AJUSTAMENTO...   141

abundantemente representado, o procedimento sistemático está mediocremente representado" (p. 209). Fagundes (1987) raciocina na mesma direção que Papert:

> *...porque não perseguirmos o fim de desenvolver o potencial simbolizador do homem, oferecendo às crianças as trocas necessárias nos ambientes mais adequados? Nossa cultura, em geral, é pobre deles. Mas os fins deveriam 'engendrar novos meios'. Esses meios podem estar numa cultura computacional especialmente para oferecer estimulações para a atividade de representação do indivíduo* (p. 318).

Bustamante (1987), tal como Fagundes, pensa no uso do computador para auxiliar no desenvolvimento das estruturas do pensamento de crianças consideradas como carentes culturais:

> *Preparar estas crianças (as carentes de estimulação ambiental) para serem hábeis na utilização das estruturas essenciais do pensamento pode significar prepará-las para atitudes de prontidão na aprendizagem e para um processo de aceleração que minimize a pobreza de seu mundo social: pobreza econômica, cultural, lingüística e humana"* (p. 46).

Essa idéia parece ter semelhanças com a proposta de Freitag, no papel que atribui à escola de facilitar a aquisição das estruturas cognitivas subjacentes ao pensamento lógico formal, embora os meios para atingir esse fim sejam distintos. Mas, tal como a proposta de Freitag, essa contribuição do computador ao ensino pode ser entendida dentro da teoria da privação cultural, segundo a qual a ausência de estimulação adequada impede o aprendizado da criança na escola, com a ressalva de que, enquanto a teoria da privação cultural focaliza a sua atenção nos conteúdos não adquiridos pela criança em seu lar, as propostas de Papert, Fagundes e Bustamante focalizam a ausência no meio de boas condições para o desenvolvimento de estruturas cognitivas necessárias para o aprendizado.

Em suma, por aquilo que os autores alegam haver de novo na introdução do computador no ensino, nada há que não auxilie a escola a se racionalizar cada vez mais pelos próprios limites de seu hardware. Mas claro é que a presença do computador no ensino auxilia na transmissão de conteúdos formalizados e a assimilar os demais conteúdos não formalizados *a priori* à sua lógica.

Dentro da perspectiva técnico-científica, o computador é proposto ao ensino, principalmente, a partir das seguintes características: 1) ênfase na maior eficiência do ensino, mantendo-se os seus objetivos, o que se evidencia através da idéia do aperfeiçoamento do ensino e da superação da distância entre o ensino público e o ensino privado, cuja outra face é a recuperação daqueles que têm dificuldades de aprendizagem; 2) a universalidade da forma de pensar e dos conhecimentos a serem transmitidos, com ênfase no pensamento lógico-matemático, que é proposto devido às próprias características do instrumento; e 3) neutralidade da técnica, quando se dá ênfase ao computador como meio. Nessa perspectiva, como dito antes, o ensino é considerado genericamente, assim como as técnicas e os conhecimentos a serem transmitidos. Tem-se uma concepção funcionalista da escola, ressaltando-se que um dos seus objetivos é a correção de distorções sociais, que se explicita na suposição de que o advento do computador no ensino pode equiparar o ensino privado ao ensino público.

Já a proposição do uso do computador no ensino, na outra perspectiva, parece interessante do ponto de vista de uma teoria crítica, pois percebe tanto a escola como a técnica dentro de um contexto material e histórico. Mas se propõe que o computador pode ser útil para a emancipação social, não consegue propor algo definido que o isente de críticas para a sua utilização no cotidiano escolar, além de relevar a sua importância no desenvolvimento do pensamento e apontar para a possibilidade de uma historicização do conteúdo transmitido, como o faz Almeida (1984), algo que, a nosso ver, pode prescindir do uso do computador no ensino, pois deve atingir todas as disciplinas lecionadas, contando com a sua articulação. Nesse sentido, deveria envolver tanto órgãos governamentais ligados à educação, como o cotidiano escolar, englobando todos os seus participantes (professores, alunos, diretores, orientadores educacionais etc).

2– Nível Teórico-Ideológico

As principais formas de uso do computador no ensino para fins didáticos são: a Computer Assisted Instruction (C.A.I.), cujo

O COMPUTADOR NO ENSINO E O AJUSTAMENTO...					143

referencial mais importante é o behaviorismo, dada a sua semelhança com a instrução programada e as máquinas de ensinar, criadas por Skinner, e a LOGO, criada por Papert e sua equipe do M.I.T. (Massachusetts Institute of Technology), que explicita a influência da teoria de Piaget sobre ela.

A crítica que Skinner faz à escola e o que ele propõe como alternativa foram objetos de descrição do capítulo anterior deste trabalho. Relembremos, apenas, que ele aponta para o não controle das contingências de reforços em situação tradicional de aula e que suas máquinas de ensinar se caracterizam por: 1) dividirem o conteúdo a ser transmitido em diversos passos seqüenciais; 2) exigirem a interação do aluno com elas, ao responderem ao que elas "pedem"; e 3) proporcionarem feedback imediato ao aluno. Sem aprofundarmos a sua teoria de aprendizagem, mas baseados apenas nas características das máquinas de ensinar, explicitadas acima, podemos inferir que ele concebe o conteúdo a ser transmitido isento de ambigüidades e de contradições em relação à realidade e passível de ser operacionalizado. Ora, como Marcuse (1982) descreve, a operacionalização de conceitos reduz as dimensões da realidade àquela, fazendo coincidir pensamento e realidade imediata, abstraindo, assim, o objeto do conhecimento da sua realidade material, tornando o pensamento ajustado à realidade. Pelas idéias de Skinner sobre o ensino e por ser a sua teoria uma das bases da tecnologia educacional, dentro da perspectiva técnico-científica não há dificuldades em situá-las dentro da ideologia da racionalidade tecnológica.

A relação entre o Behaviorismo e os processos de produção, dos quais resulta a ideologia da racionalidade tecnológica, é explicitada por Kvale (1975):

> A redução behaviorista da ação humana para respostas mecânicas não é somente um preconceito científico ou desumanização do homem causada por algum 'zeitgest', é um reflexo adequado da forma dominante do trabalho industrial. A ênfase comum da engenharia humana e do behaviorismo é sobre o comportamento mecânico dos trabalhadores e sujeitos experimentais... Comum, também, é o controle estrito do comportamento na fábrica e no laboratório psicológico, a medida exata e quantificada do comportamento. O trabalho tem sido

144   O COMPUTADOR NO ENSINO

reduzido a movimentos repetitivos, estandartiza-
dos, ditados pela linha de montagem, e a aprendi-
zagem tem sido reduzida à montagem de escolhas
de respostas (p. 111).

Desse trecho de Kvale podemos inferir a fragmentação e uniformização dos conhecimentos transmitidos pelas máquinas de ensino e por sua herdeira, a C.A.I., o que fortalece a análise de Marcuse, descrita no segundo capítulo deste trabalho, sobre o pensamento unidimensional. Mas, se Kvale demonstra que a teoria comportamental de Skinner tira os seus princípios da realidade tal como é, influenciada pelo modo fabril de produção, sugerindo que é menos ideológica do que outras teorias de aprendizagem que tiveram pouca influência sobre o cotidiano escolar, ele esquece de relacioná-la à ideologia da racionalidade tecnológica. Poderíamos entender a teoria de Skinner, pelos motivos citados por Kvale, como sendo sua expressão, uma vez que essa ideologia se caracteriza, entre outros elementos, por eliminar a distância entre a teoria e a prática, substituindo essa relação pela idéia de progresso técnico.

Assim, tanto a teoria de Skinner quanto qualquer outra voltada para tornar mais eficiente a forma de lidarmos com aquilo que ela trata não é menos ideológica que outras teorias, mas reveste a relação teoria-prática de um caráter eminentemente técnico. De outro lado, a teoria não é necessariamente ideológica, mas pode guardar uma distância da realidade para podermos pensar a sua transformação; ela pode recuperar o aspecto histórico do seu objeto de estudo. Em outras palavras, se a teoria pode ocultar a realidade, o seu enfraquecimento é prática cega que fortalece a realidade existente.

Se na C.A.I. não há dificuldades de se localizar o seu referencial teórico ou, pelo menos, a sua similaridade com as técnicas derivadas da teoria comportamental, na proposta da LOGO essa tarefa não é tão simples. A filosofia e linguagem LOGO, criadas por Papert e Minsky no laboratório de Inteligência Artificial de Massachusetts Institute of Technology, são associadas, geralmente, à teoria de Jean Piaget. No entanto, o próprio Papert (1986) coloca suas discordâncias com Piaget:

Meu ponto de discordância com Piaget é quanto ao
papel atribuído ao meio cultural como fonte desses
materiais (aqueles pelos quais se dá o aprendizado).

O COMPUTADOR NO ENSINO E O AJUSTAMENTO... 145

> *Em alguns casos, o meio cultural fornece os ma-*
> *teriais em abundância, facilitando assim o apren-*
> *dizado construtivo piagetiano...Mas em muitos ca-*
> *sos em que Piaget explicaria o desenvolvimento*
> *mais lento de um conceito através da sua maior*
> *complexidade ou formalidade, eu vejo o fator crí-*
> *tico como sendo a relativa pobreza do meio cultural*
> *em materiais que tornariam o conceito simples e*
> *concreto* (p. 20-21).

Essa discordância é consoante com a idéia de Papert, citada anteriormente, de que é importante um arranjo mais sistemático do material do meio para facilitar a formação de estruturas do pensamento. E é o computador, com a utilização da linguagem LOGO, que permitiria facilitar a aquisição das estruturas lógico-matemáticas. Se, para Skinner, a máquina é importante para a organização das contingências comportamentais, para Papert a máquina é importante para a organização do material.

Papert (1986) conclui, através de reflexões sobre suas pesquisas com o uso da linguagem LOGO com as crianças, que através desse método é possível antecipar as aquisições de noções cognitivas características do período das operações lógico-formais, tal como a da análise combinatória:

> *Se o computador e a programação se tornarem*
> *parte do cotidiano das crianças, o intervalo conser-*
> *vação-combinação certamente se fechará e poderia*
> *chegar a se inverter: as crianças podem aprender a*
> *ser sistemáticas antes de aprenderem a ser quanti-*
> *tativas* (p. 210).

Ou seja, a sistematização do meio levaria à sistematização cognitiva. Esquece que a sistematização do meio é uma sistematização cognitiva.

O que Papert conserva da teoria de Piaget é a interação sujeito-conhecimento, a idéia de que toda criança é um pequeno epistemólogo, que reconstrói o conhecimento dentro do desenvolvimento de seu pensar, é a concepção de estruturas subjacentes ao pensamento, que dentro de um processo de equilibração-desequilibração saltam de um estágio inferior a um estágio superior do desenvolvimento cognitivo.

146 O COMPUTADOR NO ENSINO

O aprendizado é um processo interativo para essa teoria, mas respeitando os limites cognitivos da criança, e dessa maneira o ensino deve ser centrado na criança.

A aprendizagem no modelo piagetiano também é ativa, mas, diferentemente do modelo de Skinner (1972), não se localiza, necessariamente, em comportamentos verbais ou motores, mas na aquisição de estruturas cognitivas que, embora possam ser inferidas objetivamente, localizam-se no "interior" do sujeito; o aprender a aprender se dá pela possibilidade de se tomar consciência da própria forma de pensar, e é dentro dessa consciência que se localiza o trabalho ativo do sujeito.

Além da teoria de Piaget, Papert (1986) cita a outra influência que a sua proposta teve, a Inteligência Artificial:

Em sentido restrito, a I.A. preocupa-se em estender a capacidade das máquinas para desempenhar funções que seriam consideradas inteligentes se desempenhadas por pessoas. Seu objetivo é construir máquinas e, como tal, pode ser pensada como um ramo da engenharia avançada. Mas, para construir tais máquinas, geralmente é necessário refletir não apenas sobre a natureza das máquinas mas também sobre a natureza das funções inteligentes a serem desempenhadas (p. 189).

E é essa última característica da I.A. que a torna uma ciência cognitiva. Mas uma ciência cognitiva que tenta objetivar a razão subjetiva, deixando de lado a verdadeira razão objetiva. A distinção entre razão objetiva e razão subjetiva feita pelos frankfurtianos é dada por Matos (1989):

A Teoria Crítica estabelece uma diferença entre razão subjetiva e razão objetiva. O princípio de identidade é a base lógica da razão subjetiva e gera o domínio com fins de autoconservação, provoca a regressão ao mito que afirmava combater. Quanto à razão objetiva, ela recriaria as condições de um novo progresso fundado na autoconsciência. Sob este aspecto, o princípio de contradição seria a base lógica da razão objetiva que, através do movimento

O COMPUTADOR NO ENSINO E O AJUSTAMENTO... 147

*real da totalidade e a relação dialética com o sujeito,
desenvolve a autoconsciência, a emancipação*
(p. 183).

Segundo essa autora, essa visão de dialética para Adorno,
Horkheimer e Marcuse se altera para dialética negativa e, nesse
sentido, tanto o Positivismo, quanto o sistema hegeliano são
considerados teoria tradicional, mas as questões da razão crítica se
mantêm: o particular continua a negar a totalidade, contradizendo-a;
o princípio de contradição também permanece. Assim, no tocante à
Inteligência Artificial, é a razão instrumental que é passível de
"cibernetização", e de uma forma acrítica: a razão perde seu caráter
emancipatório.

Devido à divergência de Papert com Piaget no tocante à sua teoria
dos estágios cognitivos e a ênfase dada por Papert à sociedade
computadorizada, na qual o computador pode dispor estímulos de
forma privilegiada e assim facilitar o desenvolvimento de noções
cognitivas, Moura e Acunzo (1985) dizem que a "filosofia" LOGO foi
influenciada também por Bruner. Sem nos determos na teoria de
Bruner, é interessante citar do texto de Moura e Acunzo a seguinte
afirmação:

*Esta posição de Bruner já é decorrente da influência
de L. S. Vygotsky por sua vez influenciado por
Engels – para quem os instrumentos de pensamento se transformam historicamente, da mesma forma
que os instrumentos de trabalho. Assim, da mesma
forma que os novos instrumentos de trabalho dão
origem a novas estruturas sociais, novos instrumentos de trabalho dão origem a novas estruturas mentais. As estruturas mentais (da mesma forma que
as sociais) não são universais, mas têm raízes
históricas definidas, sendo produtos bem especí-
cos de níveis determinados do desenvolvimento de
instrumentos* (p. 31, nota de rodapé).

Essa última citação é importante para este trabalho pelo menos
por dois motivos: 1) reforça a tese de que os processos de produção
afetam as estruturas do pensamento, e, mais do que isso, afetam a
própria forma de pensar; 2) depõe contra a universalidade das estru-

148 O COMPUTADOR NO ENSINO

turas do pensamento, como propõe Piaget, contextualizando-as na história, que é, também, a crítica de Marcuse (1982) a esse autor: "*A interpretação de Piaget reconhece o caráter prático interno da razão teórica, mas o extrai de uma estrutura geral de ação que, em última análise, é uma estrutura hereditária, biológica.*" (p. 156). Ou seja, Piaget não vê o pensamento como um produto histórico-social.

A dialética entre forças produtivas e pensamento, que Moura e Acunzo atribuem, em primeira instância, a Engels, aponta para uma razão cega, ou seja, sem sujeito, diferentemente do que Marx (1978) diz a respeito das possibilidades da percepção de contradições sociais, à medida que estas contradições aumentam. O pensamento aludido por Marx liga-se a uma consciência histórica e guarda a possibilidade de emancipação.

Nesse sentido, é interessante apontar para as distintas posturas que Marcuse tem em relação ao progresso técnico em dois de seus livros: *Eros e Civilização*, de 1956 e *A Ideologia Da Sociedade Industrial*, de 1964. No primeiro, Marcuse diz que a automação do trabalho alienado (labuta) auxiliaria na derrocada do *status quo*, uma vez que esse se torne irracional:

> *...a emancipação desse estado parece requerer não que se impeça a alienação, mas que esta se consuma; não a reativação da personalidade reprimida e produtiva, mas a sua abolição. A eliminação das potencialidades humanas do mundo de trabalho (alienado) cria as precondições para a eliminação do trabalho do mundo das potencialidades humanas (1981, p. 103).*

Embora, nesse momento, Marcuse já apontasse para a alienação humana contida na labuta, a avaliação de sua força muda no seu outro texto: "*A tecnologia serve para instruir formas novas, mais eficazes e mais agradáveis de controle social e coesão social*" (1982, p. 18). Nos dois textos, Marcuse mostra a dupla face da tecnologia: libertação/dominação, mas no primeiro a ênfase é na libertação e no segundo, na dominação. No "Prefácio Político" de *Eros e Civilização*, escrito em 1966, Marcuse faz o reparo:

> *Esse otimismo (expressado em Eros e Civilização) baseava-se no pressuposto de que deixara de*

O COMPUTADOR NO ENSINO E O AJUSTAMENTO... 149

prevalecer o fundamento lógico para a contínua aceitação da dominação, que a carência e a necessidade de labuta só 'artificialmente' eram perpetuadas – no interesse de preservar o sistema de dominação. Negligenciei ou minimizei o fato desse fundamento lógico 'obsoleto' ter sido amplamente reforçado (se não substituído) por formas ainda mais eficientes de controle social. As próprias forças que tornaram a sociedade capaz de amenizar a luta pela existência serviram para reprimir nos indivíduos a necessidade de tal libertação (1981, p. 13).

Salientamos essas idéias de Marcuse para delimitar o possível otimismo vislumbrado na relação entre o desenvolvimento das forças produtivas e o desenvolvimento do pensamento. Esse otimismo pode ser vislumbrado de formas diversas em Norton, Papert e Fagundes, autores que vêem no uso do computador no ensino a possibilidade de novas formas de pensar. Se em Norton isso é explícito, como vimos anteriormente, em Papert e Fagundes essa "nova" forma de pensar é uma nova maneira de desenvolver o pensamento, alterando os seus estágios, mas como apontam Moura e Acunzo, contrariamente a Piaget, dando ênfase à organização dos objetos, como possibilitadora dessa alteração.

Mas, mesmo essa perspectiva histórica que a influência de Bruner possibilitaria não é vislumbrada, nem no texto de Papert, nem de outros autores que propõem a linguagem LOGO, como Fagundes (1987), Goodyear (1986) e Bossuet (1985). Muito pelo contrário, é a ênfase em Piaget que é ressaltada.

Uma vez que a linguagem LOGO recebeu influências nem sempre convergentes, tais como as de Piaget e de Bruner, tentemos caracterizá-la teoricamente através da conceituação que lhe dão alguns de seus proponentes. Segundo Bossuet (1985):

LOGO designa simultaneamente uma teoria de aprendizagem, uma linguagem de comunicação e um conjunto de unidades materiais que permite demonstrar os processos mentais empregados por um indivíduo para resolver os problemas que se lhe apresentam e aos quais ele propõe uma solução, num contexto de ação sobre o mundo exterior... (p. 41).

O COMPUTADOR NO ENSINO

E mais adiante:

A linguagem LOGO permite a criança agir sobre o mundo exterior a partir de seus próprios modelos de pensamento (p. 42).

Ressaltemos dois aspectos dessa definição: 1) a linguagem LOGO permite explicitar os processos de pensamento a partir de uma linguagem de comunicação e de meios materiais; e 2) a ênfase é dada sobre o pensamento da própria criança. Esses dois aspectos convertem-se em pressupostos dentro de uma teoria de aprendizagem: 1) a necessidade da explicitação e objetivação do pensamento da criança; e 2) a criança deve atuar com os seus próprios recursos sobre o meio externo. Mas guardemos, também, a idéia de que essa ação da criança sobre o mundo exterior é mediada por uma linguagem e por recursos materiais que a delimitam.

As conclusões a que chega Fagundes (1987) na sua pesquisa sobre a programação da linguagem LOGO são as seguintes: 1) as condutas dos sujeitos em interação com o computador no sistema LOGO são analisáveis e interpretáveis à luz do modelo piagetiano; 2) a teoria de Piaget é o único quadro de uma teoria psicológica do desenvolvimento cognitivo que apresenta esta dimensão cibernética; 3) a atividade de programação dá acesso às crianças a um mundo representacional inédito antes da era da informática; 4) as trocas entre a organização cognitiva e os objetos simbólicos (os programas) são de natureza funcional: *"...o conhecimento que aparece sendo construído é um conhecimento sobre a própria representação da ação de representar"* (p. 304). Ou seja, é o conhecimento sobre a forma, mas que envolve um conteúdo: os processos que engendram as noções.

O que caracteriza o trabalho da criança com a linguagem LOGO, segundo Papert, de forma essencial, é que essa "ensina" (programa) o computador, ao contrário da abordagem C.A.I., onde o computador através de seus programas ensina o aluno. A representação do pensamento na LOGO se dá pela noção de programação e, segundo Papert (1986): *"Programar significa, nada mais, nada menos, comunicar-se com o computador numa linguagem que tanto ele quanto o homem podem entender"* (p.18).

Almeida (1984), por sua vez, explicita que o método ativo, proposto pela LOGO, tem como base o ensino centrado no aluno, ou seja, segue os princípios da Escola Nova. Mas, se na Escola Nova, o aluno é o centro da educação, a tendência cibernética, presente na

O COMPUTADOR NO ENSINO E O AJUSTAMENTO... 151

proposta LOGO, evidencia que isso só ocorre na aparência, pois o modelo do pensamento adulto, cultuado por nossa cultura, é a finalidade da proposta. Em outras palavras, a máquina contém, na linguagem de programação, a modelação do pensamento que se deseja dar à criança. E como o processo de se atingir tal pensamento já foi objetivado, a criança torna-se a matéria-prima, o computador torna-se o instrumental, e o professor (o facilitador) faz o controle de qualidade, através da exploração dos erros (bugs) que permite à criança corrigir os seus defeitos. O aluno como centro esconde a uniformidade dos estágios de desenvolvimento e o objetivo final: a aquisição da razão instrumental.

Como visto no capítulo 3, na análise das colocações de Freitag, esse pensamento, através das noções de combinatória, permite ao indivíduo a visualização da arbitrariedade do real existente e de outras possibilidades de real, mas essas, dadas pela combinatória, detêm a identidade do capital, anulando as diferenças de cada possibilidade particular. Portanto, em si, a aquisição dessa forma de pensar não milita contra a dominação. Pelo contrário, as possibilidades disjuntivas da análise combinatória, apontando para o "ou isto, ou aquilo", escondem sua relação de "isto e aquilo" com o real. Além disso, o Possível da Utopia prevê a submissão da razão formal ao informalismo humano. Sem a compreensão de que a razão se afasta do desejo humano para melhor realizá-lo, aquela continua cega.

Os defensores da proposta LOGO fazem uma série de críticas às propostas C.A.I.. Bossuet, por exemplo, as caracteriza como hetero-estruturantes, individuais, mas não individualizadas, com uma relação professor-máquina-criança empobrecida. Como a linguagem de programação é básica para as propostas LOGO, seus defensores fazem críticas às outras linguagens de programação comuns à construção dos softwares das propostas C.A.I.. Assim, Bossuet (1985), ao refletir sobre a divulgação de linguagens informáticas não propostas na sua origem à educação em específico, alega que tal desvinculação pode criar problemas:

> O perigo não vem do ensino da linguagem em si; a experiência mostrou que crianças pequenas podiam adquirir facilmente um domínio suficiente de BASIC ou de LSE para escrever programas corretos. Na realidade, resultam esquemas de pensamento rígidos, induzidos pelas linguagens (p. 39).

Na mesma direção aponta a crítica de Almeida (1984):

Formular uma pedagogia informática não baseada na carência e pressupostos escolares e educacionais, costuma ser o risco que correm exatamente os países terceiro-mundistas: porque só se tende a utilizar a linguagem BASIC, que mais que rigor ao pensamento estimula a rigidez do pensar... O BASIC não foi feito para a educação (p. 147).

As duas colocações criticam o uso de linguagens de programação não originadas na educação, atestando o crescente caráter da racionalização vinda das esferas não educacionais. Mas, nenhum desses dois autores aponta para a inerência dessa racionalidade no computador. A generalização de uma linguagem de uso comercial para o uso escolar não leva em consideração as peculiaridades da escola, mas os proponentes da LOGO julgam propor algo diferente. O fato do Hardware (o computador) provir de outras esferas não é o mais importante para esses autores, mas sim a adequação desse hardware para a educação através de softwares específicos a ela.

Com os dados que temos até este momento, parece-nos possível caracterizar resumidamente a proposta da LOGO em dois níveis interdependentes, um deles relativo aos objetivos que propõe e o outro ao método de se cumprir esses objetivos. O objetivo básico da LOGO é o de auxiliar a criança no desenvolvimento de seus processos cognitivos, que são representados pela possibilidade da ação da criança sobre o computador. Ou seja, o computador reflete para a criança o raciocínio dessa e, através desse autoconhecimento do pensamento, que é calcado em tarefas que exigem raciocínio lógico-formal, a criança generalizaria esse modelo de pensar para outras tarefas do cotidiano. O computador e o professor corrigem o raciocínio da criança auxiliando na explicitação de seu pensamento: o computador, ao mostrar o êxito ou falta de êxito na instrução que a criança dá a ele para resolver determinado problema, e o professor no auxílio ao aluno para evidenciar o erro e na formalização pelo aluno desse erro. O método, então, se caracteriza pela descoberta, explicitação e correção do erro da criança por si mesma, auxiliada pelo computador e pelo professor. Como afirma Fagundes, é a própria representação que a criança tem que é representada, ou seja, o conteúdo do pensamento é o próprio pensamento. Não qualquer pensamento, mas o pensamento lógico-

O COMPUTADOR NO ENSINO E O AJUSTAMENTO... 153

matemático. Da mesma forma, o que propõe é que esse modelo de pensar pode servir de instrumento de análise para a realidade cotidiana, ou seja, para outras tarefas que não sejam matemáticas, mas que possibilitem a sua expressão através desse modelo.

Ora, como enfatizado anteriormente, trata-se de uma redução da realidade às categorias do pensamento lógico-formal, que por sua vez permite a operacionalização do conceito. Ou seja, o pensamento é ajustado à lógica formal, tornando-se unidimensional. Nesse sentido, as duas abordagens, a C.A.I. e a LOGO, são complementares: uma transmite conhecimentos operacionalizados, a outra ensina ou facilita a pensar de forma operacional. Claro, a aquisição do pensamento lógico-formal e o aprendizado de conhecimentos objetivos são importantes, mas a sua desvinculação da totalidade histórico-social não permite a tensão existente entre pensamento e realidade ou entre conhecimento e realidade, tal como enfatiza Marcuse.

Isto é claramente apontado por Almeida (1984):

> À *linguagem de computação falta a dimensão da contradição, da analogia e da práxis que são os comunicadores do homem com o novo, o original, a evolução, a revolução e a história* (p. 167).

A sua crítica a Papert é que lhe falta a dimensão política do ato de aprender e ensinar.

Se na concepção behaviorista a relação entre a teoria e a ideologia da racionalidade tecnológica é mais explícita, o mesmo não ocorre com a concepção humanista, que vimos estar subjacente à proposta LOGO. Todavia, se podemos dizer que as propostas C.A.I. trabalham com conteúdos formalizáveis, as propostas LOGO lidam com processos de pensamento formalizáveis, e se podemos associar os primeiros com o Behaviorismo e os últimos com a Psicologia Humanista, podemos supor que as duas são complementares, tal como aponta Kvale (1975):

> *As funções ideológicas da psicologia da aprendi-zagem e a da psicologia humanista podem ser vistas como complementares; a primeira legitima um controle tecnológico direto do comportamento, a última assegura uma adaptação humana sem atritos para a manipulação tecnológica* (p. 109).

As duas citações, a de Almeida e a de Kvale, nos remetem à ideologia da racionalidade tecnológica, ou seja, as teorias subjacentes às propostas do computador no ensino dão ênfase à eficiência do processo e do produto da aprendizagem, relacionados à racionalidade tecnológica.

Claro, não verificamos todas as teorias que poderiam subjazer às propostas, mas apenas as que são explicitadas. O que nos importa não é tanto a diversidade das teorias, mas a relação sujeito-objeto que propõem, e as duas propostas analisadas, a C.A.I. e a LOGO, trazem concepções ou de processos de pensamento ou de conhecimentos formalizáveis tidos como universais, no sentido de negarem o desenvolvimento histórico e portanto negarem a relação daqueles com a totalidade social.

3– Nível Pedagógico

Chaves (*In*: CHAVES e SETZER, 1987) afirma que o uso dos softwares do Computer Assisted Instruction pode se prestar ao ensino de conteúdos que devem ser memorizados, tais como tabuada, plurais irregulares e fatos históricos importantes. Assim como as máquinas de ensino de Skinner, essa função da C.A.I. liberaria o tempo do professor para tarefas mais nobres.

Cabe-nos perguntar o porquê de alguns conteúdos serem monótonos e o porquê de precisarem ser memorizados por um processo automático dado através de uma repetição sem sentido. Os três exemplos dados por Chaves têm a sua especificidade. O que dizem sobre a tabuada é que sem a sua memorização o aprendizado de cálculos como a divisão e a multiplicação ficariam comprometidos; o mau aprendizado de plurais irregulares compromete a escrita e a possibilidade de o aluno se expressar adequadamente; e a não memorização de fatos históricos importantes (não sabemos quais os critérios para dizer se um fato histórico é importante ou não) prejudicaria a formação cultural do aluno frente à sua formação de cidadão.

O que cabe perguntar é por que conteúdos diferentes têm o mesmo tratamento e se não é por essa identidade emprestada que eles perdem o sentido, tornando-se alienantes e monótonos. Claro que o fato de eles terem a sua especificidade não significa que devam ser trabalhados separadamente; ao contrário, trabalhar conteúdos conjuntamente colabora para lhes dar sentido. Mas, não é esse o caminho

O COMPUTADOR NO ENSINO E O AJUSTAMENTO... 155

apontado por Chaves. Na sua proposta, à fragmentação das disciplinas acrescenta-se a fragmentação da própria disciplina e o computador é mais uma máquina associada às demais, que têm forma humana, para a reprodução do saber cada vez mais especializado. A monotonia da montagem em série das fábricas, na qual cada operário contribui com o mesmo movimento sem sentido, se aperfeiçoa na escola, onde cada professor-máquina e, agora, a máquina-professor repetem o mesmo pensamento, a mesma fala sem sentido. O produto desejado, mas quase nunca alcançado, é uma máquina que possa repetir a repetição.

Há sentidos ocultos em cada um desses conteúdos, aparentemente sem sentido. A tabuada, por exemplo, possui em si um mecanismo próprio que possui um significado: é a soma do número multiplicado "n" vezes. A soma, por sua vez, envolve a noção de elementos idênticos e a consideração do que é idêntico e o que não é envolve a classificação de objetos. A classificação de objetos se dá, também, por critérios culturais, ou seja, o número re-apresenta uma representação social. Além disso, a multiplicação foi criada na história da civilização ocidental, o que lhe dá um sentido específico relacionado ao momento em que foi criada. A multiplicação tem um sentido universal, tanto em relação às suas propriedades, quanto em relação a ser possível de ser executada por todos ou por grande parte dos seres humanos. E tem um sentido particular tanto referente ao que está sendo multiplicado, quanto ao momento em que foi criada. A memorização dos produtos da multiplicação, dada pela tabuada, esconde esses sentidos.

Claro, a proposta de memorização desses conteúdos já existia antes dos computadores no ensino, mas esses facilitam aquela. Ou seja, no ensino, a divisão de conteúdos em disciplinas e a subdivisão dentro dessas não são criadas pelo computador, mas esse reforça esse tipo de ensino com a aplicação proposta, que só é possível com a sua fragmentação.

Nessa proposta há, de um lado, a caracterização do computador no ensino como um meio de ensino de massa, quando se presta a auxiliar na memorização de alguns conteúdos, o que pode ser feito sem a presença do professor. Mas, por outro lado, há o reconhecimento de que alguns conteúdos devem ser aprendidos na própria relação professor-aluno, sem a presença do computador.

A ocultação de sentidos na transmissão de conteúdos a serem memorizados através da repetição se encontra também por La Taille

(1988), que aponta ser essa reprodutibilidade inerente ao conteúdo a ser aprendido: *"Sabemos que o aspecto repetitivo da aprendizagem é desagradável, mas ele é necessário. Aliás, mesmo na criação, a repetição se faz presente e pede ao criador muita perseverança"* (p. 73). O porquê da necessidade da repetição na aprendizagem deve ser óbvio, pois o autor não diz por que é assim.

Mas digamos de passagem que não é a repetição em si que é desagradável; poderíamos pensar no quanto é agradável percebermos que a repetição dos mesmos esquemas de ação e/ou de pensamento leva a um resultado desejado, ou, então, pensemos no prazer que a criança tem em repetir as mesmas brincadeiras, ou ouvir os mesmos contos, reclamando do contador, quando ela não é repetida corretamente. Ou seja, a repetição se relaciona com a economia psíquica; no primeiro exemplo, porque revela a potência humana no seu controle da natureza, no segundo, porque ajuda a criança a elaborar os seus medos infantis.

No entanto, a repetição sem sentido leva a um estranhamento em relação àquilo que é repetido; é a alienação que está novamente presente. La Taille, porém, para justificar esse caráter alienante e, segundo ele, necessário ao aprendizado, vai além e diz que a repetição é necessária também na criação. Claro, a criação nasce daquilo que já existe, mas ela é justamente a ruptura dessa repetição, é, portanto, repetição que não mais pretende sê-la.

Tanto nas propostas C.A.I. como nas propostas LOGO é enfatizado o respeito ao ritmo próprio do aluno. Bossuet (1985) ressalta a distinção entre ritmo individual e individualizado; o primeiro diz respeito ao ritmo próprio que um sujeito tem para cumprir uma tarefa; o segundo se refere à potencialidade própria de cada indivíduo:

> *Para distinguir o individual do individualizado, seria conveniente que cada autor precisasse o objetivo visado por ele, adotando a definição de G. Mialaret e colocando-a claramente em evidência. Se eles quiserem que todos os alunos adquiram o mesmo currículo, respeitando, tanto quanto possível, o ritmo de cada indivíduo, eles falarão de individual. A palavra individualizado será reservada ao desenvolvimento das potencialidades próprias a cada indivíduo* (p. 33).

O COMPUTADOR NO ENSINO E O AJUSTAMENTO...	157

Bossuet argumenta que o ritmo individual é característico das propostas C.A.I. e o individualizado, das propostas LOGO. Na estranha distinção que explicita entre o ritmo individual e individualizado e na atribuição do primeiro às propostas C.A.I., o autor critica essas, pelo aprisionamento que um currículo dá às potencialidades do aluno, ou seja, o ritmo do aluno para atingir aquilo que é estabelecido é respeitado, mas as possibilidades do aluno, não. Essa distinção nos é estranha porque não vemos o motivo de as propostas C.A.I. não desenvolverem potencialidades nos alunos, através do que ele chamou de ritmo individual, e não percebemos como as propostas LOGO conflitam com o currículo, uma vez que a natureza daquilo que é aprendido em uma ou outra proposta é a mesma: a lógica formal. Claro, o autor está se referindo à possibilidade do aprendizado individualizado, mas esse é incompatível não somente com o currículo escolar, mas também com a sociedade industrial.

Lepper (1985) também argumenta que a individualização do aprendizado, através do computador, é uma vantagem sobre o ensino tradicional, mas Burke *et al.* (1972) vêem dificuldades de o computador vencer a despersonalização desse ensino:

> *A questão, então, é como um sistema de instrução dirigida por um computador pode ser humanizada para levar cada estudante a seguir a sua própria inclinação, seus próprios objetivos, enquanto provê a ele um sistema de atividades guiado* (p. 31).

Para que o aluno não se sinta preso a uma "linha de montagem", dizem Burke *et al.*, é necessário dar o máximo de decisão para ele. Pelo sistema instrucional sugerido por esses autores, o aprendizado obtido no computador é discutido em pequenos grupos e com o instrutor: "*...para impedir o estudante de sentir-se máquina dirigida*" (p. 33). A análise e a proposta que Burke *et al.* fazem mostram a massificação do ensino e a sua perpetuação pelo uso do computador, e é interessante notar que a sua proposta pode prescindir desse instrumento.

Mas se eles propõem a intersubjetividade para a elaboração do conteúdo aprendido, para La Taille (1988) um exercício escolar pede o isolamento do aluno, pois é na execução desse que se dá a elaboração do aprendizado, sendo que o computador pode ajudar nessa tarefa por três motivos: 1) o aluno controla o seu tempo (ritmo individual);

2) a máquina dá feedback imediato; e 3) a máquina fornece a resposta certa em caso do fracasso do aluno. Ora, sem esquecer de mencionar que essas três características são atribuídas por Skinner às suas máquinas de ensino, podemos perguntar se a execução de exercício é o único momento de elaboração do aprendizado e, se não for, se ele é o mais importante. Se a elaboração se dá, também, em grupos, então, o ritmo individual é de importância relativa. Mas o ritmo individual e a "elaboração" individual não rompem com a massificação do ensino, ou com suas similaridades com a indústria cultural; a televisão, o rádio, o filme, nos obrigam a uma atenção individual, mas não deixam de fazer parte da indústria cultural. A escola é massificada porque está em uma sociedade na qual a produção diferenciada não tem lugar e na qual a identidade se define pelo consumo com o preço de se anular.

O que caracteriza a escola como massificada é a sua impossibilidade de transmitir conteúdos ou formas de pensar contrárias à realidade existente, assim como à sua estrutura "industrial", que, de um lado, transmite conteúdos sem sentido, embora não o sejam, e de outro lado, avalia o aprendizado desse conteúdo sem sentido pela sua quantidade.

O ritmo individual nas propostas C.A.I. e o ritmo individualizado das propostas LOGO não rompem com essa massificação, pois a ruptura da massificação na escola não começa pelo respeito ao ritmo individual ou individualizado do aluno, mas, de um lado, pela crítica aos conteúdos transmitidos, à forma fragmentada pela qual são transmitidos e à desvinculação que esse conhecimento tem da história e, de outro lado, pela crítica ao próprio sistema de ensino hierarquicamente estruturado, que centraliza decisões e uniformiza procedimentos.

Em suma, o respeito ao ritmo próprio do aluno, paradoxalmente, não leva à individualização no ensino ou ao respeito às diferenças, pois esse respeito para se dar necessita da transformação de outras instâncias, que dentro da escola são representadas pelo currículo, pela forma de transmitir o conteúdo e pela divisão de trabalho existente.

Aparentemente poderíamos dizer que na C.A.I. o aluno não constrói conhecimentos, pois o software delimita tanto os estímulos, quanto as respostas, enquanto na LOGO o aluno intervém nos dois. Mas se nos softwares da C.A.I. as respostas do aluno, ou seja, a possibilidade de "diálogo", estão limitadas pela própria estruturação do software quando segue as normas da instrução programada, na

O COMPUTADOR NO ENSINO E O AJUSTAMENTO... 159

LOGO esses limites são dados pelas possibilidades da linguagem, pois a construção de desenhos geométricos só podem ser feitos por sua intermediação.

Se, de um lado, como diz Papert, o computador permite sistematizar a realidade assistemática da disposição de objetos para facilitar a apreensão de noções matemáticas, de outro lado, a forma assistemática com que os objetos estão dispostos na realidade permite uma melhor apreensão dessa, pois essa limita menos a ação do sujeito. Basta, para exemplificar esse ponto, lembrar a redução das três dimensões que os objetos têm na natureza para as duas dimensões que ele apresenta na tela acoplada ao computador, a fim de notar que: 1) a realidade do objeto apresentado na tela é simplificada em relação à sua forma na natureza; 2) a linguagem de computador, no caso a LOGO, é um código para a re-apresentação desses objetos. Isso faz com que tanto a C.A.I. quanto a LOGO baseiem-se em conteúdos prontos que agem sobre o sujeito.

A linguagem LOGO, por se interpor entre o aluno e a sua tarefa, intervém decisivamente. Os modelos de pensamento da criança só podem ser explicitados pela linguagem da máquina, e essa redução das possibilidades de representação deve favorecer a introjeção de seus modelos de estruturação por parte do sujeito. Aliás, o que é coerente com a própria proposta de Papert, citada antes, de que a matemática deve servir de ferramenta para o entendimento da realidade.

Podemos, então, inferir que as duas abordagens, a C.A.I. e a LOGO, são heteroestruturantes, ou seja, podem (como hipótese) estruturar o raciocínio do aluno. Mas, Bossuet não concordaria com essa inferência, pois atribui, basicamente, à C.A.I. essa característica:

Em heteroestruturação, com primazia do objeto transmitido, a máquina é um reservatório de programas destinado a gerar um conjunto de robôs dela dependentes... Um diálogo limitado com o aluno permite uma apresentação não-linear das informações sucessivas... A máquina serve para praticar o Ensino Assistido pelo Computador, segundo a sistematização behaviorista(Skinner) ou do ponto de vista cibernético (Crowder,Landa), cujo objetivo é fazer o aluno adquirir um saber e comportamentos (p. 34-5).

160 — O COMPUTADOR NO ENSINO

Provavelmente, esse autor julgou a LOGO como um método de auto-estruturação:

...um programa interativo de simulação permite a descoberta pela observação, a título individual ou coletivo. A máquina permite também, pelo ensaio de modelos de pensamento, uma invenção, através da experiência de adaptação individual ou coletiva (p. 35).

O autor não fala sobre os tipos de observação que permitem a descoberta pelo aluno e nem quais os modelos de pensamento que podem ser expressos pela criança dados os limites da máquina. Ora, os modelos de pensamento simuláveis pela LOGO são calcados na lógica formal, então, não há modelos e sim um modelo de pensamento por ela transmitido. O tipo de observação limita-se à relação entre o comando que o aluno dá à máquina e o resultado conseqüente, ou seja, dado "A"(o comando do aluno), então ocorre "B"(o resultado dado pelo computador). Se "B" era a resposta esperada pelo aluno, então, o seu raciocínio correto resultou na programação adequada da máquina, o que fortaleceria o esquema de pensamento do aluno. Se "B" não era a resposta esperada pelo aluno, então, o facilitador tenta mostrar a contradição (lógica) entre a ação e o resultado, para que o aluno possa entender o que há de errado no seu raciocínio e tentar outro comando.

Assim, a re-construção do já conhecido, que o pequeno epistemólogo faz na LOGO, resume-se à descoberta de regras lógicas, através de um conteúdo geométrico. A "essência" que o homem conseguiu projetar na natureza para conseguir o seu controle é considerado como o conteúdo a ser reconstruído. Dessa forma, onde houver natureza que se enxergue, por trás de sua regularidade, "a sua verdadeira natureza": a repetição. A razão se reconhece como natureza, enquanto eterna repetição, mas não se reconhece mais como natureza humana, que tenta romper essa repetição.

A construção do conhecimento não envolve somente o resultado da ação e os métodos que levaram a tal resultado, mas, também, a particularidade daquilo que é conhecido. Não é só o espécime animal como exemplar no laboratório que importa, mas como ente de sacrifício, que representa e é sacrificado em nome de algo.

O diálogo (ou a falta dele) com o computador é, em qualquer uma

O COMPUTADOR NO ENSINO E O AJUSTAMENTO... 161

das duas abordagens, mediado por ele, e nessas abordagens (a C.A.I. e a LOGO), a sua mediação não deve ser inócua. Quer pelos softwares da C.A.I., quer pela linguagem LOGO, a comunicação com o autor (a fonte do saber) não é possibilitada diretamente. Claro, em um livro essa comunicação com o autor também não é possibilitada, mas, quando é utilizado em uma relação pedagógica, o professor mais do que facilitar o aprendizado do aluno de seu conteúdo, o reinterpreta, o que é cada vez mais verdadeiro, quando a linguagem natural contém ambigüidades suficientes para isso.

Bossuet aponta para possíveis relações criança-máquina-professor, mostrando a falta de comunicação direta entre o professor (ou fonte do saber) e a criança na C.A.I. e a sua presença no contexto LOGO. No ambiente LOGO, Bossuet define o professor como "facilitador", termo retirado de Rogers: *"O facilitador é aquele que pode, graças a seus conhecimentos e sua experiência, ajudar o aluno em sua diligência, e facilitar sua autoformação"* (p. 59). O facilitador deve intervir na relação máquina-aluno; quando os alunos estiverem definindo os seus projetos de trabalho com a LOGO, e durante as aulas, quando há demanda por parte dos alunos. No primeiro tipo de intervenção, o facilitador deve verificar a exeqüibilidade dos projetos, adaptando-os às capacidades e conhecimentos dos alunos; no segundo tipo, deve trabalhar com os erros (bugs) e dúvidas dos alunos, permitindo-lhes explicitar seu pensamento. Ora, num e noutro caso, a máquina centraliza o diálogo, pois a tarefa está centrada nela. É através dela que surgirão os projetos e as dúvidas na execução. Portanto, a máquina não funciona como mediadora entre o aluno e o professor, mas é o professor que serve como mediador entre a máquina e o aluno; a impessoalidade da tarefa e da relação nesses moldes persiste.

Outro ponto que se coloca nesse nível de análise é o da aprendizagem ativa. Tanto a abordagem C.A.I. quanto a LOGO a enfatizam. Na C.A.I., a aprendizagem ativa ocorre pelas respostas que as crianças dão ao software na solução das tarefas que tenta resolver; na LOGO, a aprendizagem ativa ocorre pela explicitação-reconstrução de modelos cognitivos da criança.

Skinner (1972), como vimos anteriormente, opõe a interação da criança com a máquina de ensinar (que alguns autores apontam como precurssora da C.A.I.) com a interação da criança com outras tecnologias educacionais, tais como a televisão e o cinema. O que ele entende por aprendizagem ativa é a ação que a criança executa sobre a máquina de ensinar, inexistente em relação às outras técnicas que prevêem uma aprendizagem passiva, na qual o aluno é mero espectador.

A aprendizagem ativa salientada por Skinner e a motivação que lhe é inerente é devida, segundo La Taille, às respostas que os alunos dão ao computador, ao feedback imediato que esse lhes fornece e à possibilidade de os alunos darem outra resposta. A aprendizagem ativa caracteriza-se, assim, pela resposta dada pelo aluno ao estímulo fornecido pelo computador e ao feedback desse a essa resposta.

Mas, além de podermos notar que o "diálogo" com a máquina tem suas possibilidades bastante limitadas, devido a essa ser necessariamente programada, podemos perguntar se ao assistir uma aula tradicional o aluno não aprende ativamente. Claro, nesse caso, o controle sobre a sua atenção é menor, mas é esse controle – não intencional ou pouco intencional em comparação com a máquina – que pode resultar em uma aprendizagem mais "espontânea", pois sem nenhuma cobrança imediata o aluno pode elaborar suas experiências cotidianas tentando apreender o sentido daquilo que o professor diz e, obviamente, a adequação desse sentido à sua vida é facilitada pelo contato pessoal, pela sua flexibilidade, e dificultada em seu contato com algo programado. Não se trata de fazer uma gradação de aprendizagem ativa, mas mostrar que a aprendizagem é sempre ativa. Além disso, o recurso do feedback imediato refere-se diretamente ao tempo fixado pela cultura e o apreender o significado de algo necessita de tempo individual.

Aparentemente, é nesse sentido que Boocock (1986) propõe o uso adequado de uma inovação educacional:

> *A significância de qualquer inovação educacional particular está mais em como afeta a estrutura da situação de aprendizado do que em seus detalhes puramente mecânicos. Se ou não o novo meio terá qualquer impacto sobre as escolas americanas depende de se o educador simplesmente tentar observá-lo na presente estrutura de classe ou usá-lo como meio de livrar-se do que é obsoleto e movendo-se para mais aprendizados autodirigidos, orientado para objetivos que os estudantes percebam como excitantes e relevantes* (p. 21).

O COMPUTADOR NO ENSINO E O AJUSTAMENTO...   163

Dissemos "aparentemente", pois esse autor parece querer "vender" um produto que se adapte aos desejos do consumidor. Mas, claro, o tempo individual não se refere a uma mônada incomunicável, mas à relação do sujeito com a sua cultura. Nesse sentido, a atividade vem da percepção do aluno que ao mesmo tempo afirma e nega esta cultura. Afirma-a quando percebe que é seu autor e sua obra; nega-a, quando não se identifica completamente com ela.

Ainda sobre a aprendizagem ativa, lembramos que Mcluhan mostra ser a televisão um meio de comunicação frio, que obriga o espectador a se envolver no preenchimento dos mosaicos que ela oferece. Nesse sentido, a concepção de Skinner sobre essa questão é confrontada, pois uma aprendizagem ativa não é só, e nem necessariamente, a ação motora do sujeito. Ela envolve o ser numa totalidade, ou seja, um telespectador precisa estar bastante envolvido com a televisão para captar a sua mensagem. Não desejamos, ao dar ênfase à televisão, valorizá-la como tecnologia educacional, mas apenas apontar a necessidade de refletir sobre a noção de "aprendizagem ativa".

Com a LOGO essa confrontação se dá em termos distintos, pois nessa a atividade é caracterizada, principalmente pelo pensamento. Mas, se trabalhar com o raciocínio é efetivamente envolvente, os modelos de pensamento com suas regras estruturadas, presentes na linguagem LOGO, conduzem às respostas certas: o desenvolver do pensamento na proposta LOGO já tem um caminho e ponto de chegada prontos, reduzindo as possibilidades da busca desse caminho e dessa chegada.

A aprendizagem ativa envolve-se com a diretividade dada ao aluno, naquilo que Bossuet denominou aprendizado heteroestruturado e auto-estruturado. E esse autor, como vimos, diz ser as propostas C.A.I. heteroestruturantes e a proposta LOGO auto-estruturada. Acunzo (1987), contudo, relata pesquisas cujos resultados indicam que a diretividade na proposta LOGO depende da faixa etária. A pesquisa de Solomon, por exemplo, estudou três faixas etárias, através do método não diretivo proposto por Papert, no aprendizado LOGO – 7 anos, 11 anos e 15 anos –, e chegou ao seguinte resultado: as crianças mais jovens adaptaram-se mal ao método, os de idade intermediária necessitaram de orientação por parte do professor e os mais velhos adaptaram-se bem. Outro estudo citado por Acunzo, o de Pea e Kurland, aponta na mesma direção. Pea e Kurland utilizaram-se do método não estruturado de Papert com dois grupos de crianças, um de 8-9 anos e outro de 11-12 anos, e observaram que os seus sujeitos só exibiam, após o experimento, conhecimento para elaborar procedimentos simples com a LOGO. Mas, além dos dados de aprendizado, esses autores atentaram para o interesse dos alunos na programação com a LOGO e concluíram:

> Constatou-se, ao final do trabalho sob esta orientação, uma variabilidade muito grande no grau de interesse em programar apresentado pelas crianças, mas pelo menos 25% delas, em cada nível, expressaram um interesse muito acentuado em aprender a programar. Esses dados foram considerados indicadores da necessidade de uma instrução orientada no ensino de uma linguagem de programação (p. 19).

Ou seja, é necessário que a motivação seja fortalecida por fatores extrínsecos ao sujeito. No trecho citado, visualiza-se a fragilidade das propostas do ensino centrado no aluno, dadas pela LOGO. Ao mesmo tempo, aponta a relação não necessária entre o ensino LOGO e a motivação ofertada pela aprendizagem ativa.

Se o estudo de Pea e Kurland mostra a necessidade de um professor para motivar o aluno no aprendizado de uma linguagem de programação, o estudo de Cavin (1979) revela que a ausência do professor no emprego da C.A.I. em estudantes universitários pode não acarretar entusiasmo. Em 1978, segundo esse autor, foram propostos seis programas C.A.I. como assistência tutorial aos alunos do laboratório de química geral da Universidade de Texas e Austin que tivessem dificuldades em diferentes disciplinas. Os 701 estudantes do curso foram solicitados a avaliarem a presença desses softwares, no que se refere às suas utilizações. Do total de alunos, somente 325 responderam à solicitação, dos quais 259 não utilizaram os softwares para sanar as suas dificuldades durante o período estudado. Entre esses últimos, as razões mais freqüentes para o não uso dos programas foram as seguintes: 1) obtiveram auxílio de outros estudantes (23%); 2) obtiveram auxílio do professor assistente (22%); 3) não tiveram tempo (18%); e 4) não gostaram de trabalhar com o computador (13%). Como pode-se notar 45% desses alunos preferiram socorrer-se de outras pessoas ao invés dos programas de computador para sanar as suas dificuldades.

O COMPUTADOR NO ENSINO E O AJUSTAMENTO... **165**

Assim, pelos estudos citados, tanto a auto-estruturação pregada pelos defensores da proposta LOGO quanto a substituição de parcela do papel do professor das propostas pela C.A.I. são questionáveis. Num caso, o professor é necessário para dirigir o aprendizado, pelo menos, mais do que gostariam os seus proponentes; no outro, os alunos preferem o auxílio do professor ou de colegas. Salientemos que com isso não queremos concluir que todo o ensino deva ser dirigido e que o professor é sempre imprescindível, mas apenas chamar a atenção para a relatividade da noção de aprendizagem ativa atribuída à inter-relação entre o aluno e o computador e à sua possível, mas não necessária, motivação.

Em suma, parece que tanto a proposta C.A.I., quanto a proposta LOGO, têm no computador o centro de sua relação com o professor e com o aluno. Na C.A.I., o professor é representado pelos softwares educacionais em tarefas que podem ser consideradas repetitivas e, assim, ele se ausenta da relação. Na LOGO, o professor, conceituado como facilitador, não se assume como fonte de saber, pois essa está embutida na linguagem do computador, que é conduzida pelos comandos da criança que a dirige, pelos seus próprios limites, a um determinado tipo de produto: o raciocínio lógico formal que, enquanto conteúdo, se transforma na própria fonte de saber.

A relação da criança com a máquina é, portanto, impessoal, dadas as estruturas prontas com flexibilidade reduzida dos softwares e das linguagens de computação e, ainda, quando existe a presença do professor, essa se reduz a uma atuação secundária. Mesmo na LOGO, o ensino não é centrado na criança, nos moldes da concepção de Rogers, mas na relação criança-computador, que nos parece ser uma relação determinista, com o primado do segundo sobre a primeira.

Pensamos, então, que é cabível caracterizar o uso de computadores no ensino, nas abordagens citadas, como um meio de ensino de massa. Ou seja, dentro do contínuo que estabelecemos entre meio de ensino de massa e ensino interpessoal, as propostas da C.A.I. e da LOGO parecem localizar-se próximas do primeiro extremo.

4– Nível Técnico-Didático

Nesse nível, pretendemos analisar os efeitos que são imputados ao computador no ensino sobre o aluno em algumas das utilizações propostas, duas delas já parcialmente abordadas: a C.A.I. e a LOGO.

Pretendemos agora, em um nível mais técnico, mostrar os limites do computador que levam à transmissão de conhecimentos formalizados, ou seja, de um único sentido, e à aquisição de capacidades objetivadas. Entre os proponentes do uso do computador no ensino há discordância sobre ser vantagem ou desvantagem a sua limitação derivada da formalização dos conteúdos. La Taille (1988), por exemplo, alega:

> *Aliás, se formos desde já adiantar uma conclusão sobre o emprego do computador no ensino, diremos que esse possui uma vantagem inequívoca advinda de sua índole puramente lógica-matemática: ao pedir que certas atividades pedagógicas sejam transformadas em algoritmos, seu emprego problematiza certos hábitos, questiona certas intuições, enfim, leva o educador a pensar sobre seu fazer, a explicitá-lo de forma clara pois o computador não pode realizar nada que o professor não saiba antes fazer e sobretudo compreender* (p. 23).

Ou seja, o computador auxilia o professor a formalizar para si próprio aquilo que não está formalizado, embora devêssemos esperar, que um professor tivesse um bom domínio sobre aquilo que leciona. No entanto, Bossuet sugere cautela no uso do computador com crianças, no que se refere a essa formalização que lhe é inerente:

> *Em particular, é necessário que o professor esteja ciente deste problema: a máquina possui um modo de raciocínio e de aprendizagem que as crianças não devem, em nenhum caso, adquirir* (p. 61).

O que é interessante observar é que esse autor defende a introdução da LOGO no ensino, que traz consigo o mesmo raciocínio possibilitado pelo computador. Ripper, por sua vez, admite a redução da flexibilidade do aprendizado com o computador:

> *...não exercerá o computador, ao requerer da criança uma participação passiva, como na instrução programada (C.A.I.), um cerceamento à sua criatividade? E, mesmo se a criança participa ativamente*

O COMPUTADOR NO ENSINO E O AJUSTAMENTO... 167

*do processo, elaborando sua própria programação,
o fato de a linguagem computacional ser artificial
e inambígua não levaria a esse mesmo resultado?
Não é melhor deixar a criança elaborar seus conceitos utilizando a linguagem natural, em que a
ambigüidade e flexibilidade de significados constituem uma riqueza, e onde o contexto determina
e alarga esses significados?* (p. 41)

Esse autor considera que o computador diminui a flexibilidade da linguagem, mas melhora a precisão.

A argumentação de Ripper corrobora nossa análise dos limites do computador. A questão é saber se a precisão não reduz o pensamento à operacionalização de conceitos, o que nos parece uma relação necessária, uma vez que aquele que programa deve definir os conteúdos de forma precisa e operacional e aquele que usufrui dos programas deve interagir com esses conteúdos de forma também precisa e operacional.

Deve-se ressaltar que os termos "precisão" e "conhecimentos objetivos" são de fato importantes para o conhecimento, mas eles assumem sentidos diferentes em relação à razão objetiva ou em relação à razão subjetiva. A precisão, a delimitação de conceitos que levem à negação determinada, tais como justiça e liberdade, são importantes para uma perspectiva histórica, mas não implicam a operacionalização e sim a compreensão das condições existentes para a sua realização; assim elas são objetivas pela afirmação da relação sujeito-objeto, ou seja, uma realidade (o objeto) que pode ser compreendida mas não reduzida às categorias do sujeito. Já a precisão dos conteúdos para a razão subjetiva implica uma linguagem adequada para expressar e pensar a realidade, para se fazer clara para o sujeito, independentemente da complexidade do objeto. Na razão subjetiva toda realidade é convertida para o sujeito.

Assim, conforme aludimos no primeiro capítulo, há uma inversão de termos: aquilo que é obtido pela razão instrumental é subjetivo no quanto diz respeito às necessidades do sujeito para a sua autoconservação (individual e coletiva); os conhecimentos obtidos por essa razão são percebidos como objetivos devido à neutralidade que supõe existir nas suas categorias frente aos objetos, considerando que de fato consegue obter a verdade desses; já a razão objetiva que tenta apontar para os limites do sujeito frente ao objeto pode perceber a presença de seus interesses nele e, dessa forma, procurar delimitar a relação entre ambos, buscando alterar as condições que impedem a liberdade do sujeito frente ao objeto. Devemos ressaltar, contudo, que embora dirijam-se aos objetos de formas distintas, elas fazem parte de um único processo necessário à adaptação humana e à compreensão desse processo, que quando só é percebido pelas categorias da razão instrumental perde parcela importante de sua verdade. Portanto, o que estamos criticando na ênfase que é dada ao conhecimento dito objetivo pelas propostas de utilização do computador no ensino não visa a anulá-lo, mas mostrar que a sua pretensão ultrapassa os seus limites e que tenta substituir a real objetividade que não pode existir sem o sujeito.

Entre os softwares que dão ênfase à transmissão de conhecimentos objetivos moldados pela razão subjetiva, consideremos os de tipo C.A.I., os jogos de simulação e os de simulação de conteúdos. Goodyear (1986) afirma que nos E.U.A. é forte a influência da C.A.I., o mesmo ocorrendo na Inglaterra, mas de forma menos ortodoxa. No Brasil, Levacov (1978) estima que o uso do computador como tutor se dá quase na sua totalidade, estimativa essa corroborada por Chaves (In: Chaves e Setzer, 1987).

Salisbury (1971) define Computer Assisted Instruction como:

> *Uma interação homem-máquina na qual a função de ensinar é acompanhada por um sistema de computador sem a intervenção de um instrutor humano. Ambos, o material de treino e a lógica instrucional estão arquivados na memória do computador* (p. 48).

No nível didático, o computador é oferecido à educação também devido à motivação que ele proporcionaria ao aluno, em parte pela aprendizagem ativa, discutida anteriormente e, em parte, pelo uso de estímulos reforçadores incluídos nos softwares, especialmente os da C.A.I.. Mas se os softwares da C.A.I. apresentam um reforço extrínseco ao aluno, Lepper opõe a esses os softwares de jogos de simulação, que envolvem o conteúdo dentro de uma situação de jogo, ou de uma situação real, que se caracteriza por uma motivação intrínseca. Nesses softwares:"...*está presente um envolvimento imaginário no qual o estudante confronta algumas séries de problemas, freqüentemente, na forma de escolhas a serem feitas pelo caráter do objeto particular, sobre o controle do estudante*" (p. 9).

O COMPUTADOR NO ENSINO E O AJUSTAMENTO... 169

A vantagem desse tipo de software, em comparação com os da C.A.I., tanto no sentido cognitivo, quanto motivacional é envolver o aluno numa situação próxima da real, mas, ainda, mantém os dois limites atribuídos ao computador: interação limitada com o aluno e formalização de conceitos. E, além disso, como mostra Reiser (1977), as pesquisas com jogos de simulação revelam que o interesse do aluno recai sobre o próprio jogo e não no conteúdo que apresenta, ou seja, é o aspecto lúdico que atrai o aluno, o conteúdo para ele é menos relevante.

Tanto a tentativa de se motivar o aluno a aprender através do software, quanto o seu fracasso não são desconhecidos da educação atual no tocante à exigência feita aos professores de motivar os seus alunos a aprender. As duas formas propostas de motivar o aluno – motivação extrínseca, dissociada do conteúdo, e a motivação intrín-seca do contexto de fantasia associada à transmissão do conteúdo – já apontam para a dissociação entre o prazer e a aprendizagem, entre o indivíduo e a cultura e a perda da motivação inerente ao saber. Essa dissociação parece ter relação com a separação entre a fantasia e a razão, com a anulação da primeira para que a segunda se torne possível.

Segundo Freud (1978) e Adorno e Horkheimer (1985) a projeção entendida no sentido psicanalítico é importante para o pensamento e para o conhecimento. A projeção e o seu controle permitem, num primeiro momento, dotar o objeto de conhecimento de um sentido individual e, num segundo momento, a separação entre essa dotação de sentido e o objeto. Nessa separação, o indivíduo e o objeto se diferenciam. Mas, o risco envolvido nesse ato de objetivação pode implicar ou em anulação do objeto, ou em anulação do sujeito, duas formas de falsa projeção. Na primeira, a projeção sem freios incorpora o objeto como o indivíduo deseja que ele seja, na segunda – a anulação da projeção –, o sujeito devolve o objeto ao meio sem nenhuma con-tribuição específica.

Com a crescente racionalização da cultura, expressada na educação através da objetivação dos conteúdos e do pensamento, o sujeito perde o seu objeto e deve se limitar a reproduzi-lo numa repetição sem sentido. Tenta-se recuperar esse sentido através de formas alheias a ele, descritas acima, ou seja, a recuperação do sentido e do prazer de conhecer se dá, ou calcado em estímulos externos ao conhecimento, ou na infantilização do aluno, cuja imaginação foi alijada do processo. Essa infantilização ocorre quando se tenta atribuir

170 O COMPUTADOR NO ENSINO

aspectos lúdicos que independem do conteúdo em questão, ou na banalização desse. Mas, se os aspectos lúdicos propostos para tornar a educação mais agradável pode infantilizar o aluno, a negação da presença de sua subjetividade no ato de aprender perpetua a cisão entre fantasia e razão, negando, assim, a totalidade do indivíduo e os seus conflitos. Postura análoga ao Positivismo e à constituição da razão burguesa, não considera nada que escape ao conhecimento necessário para a dominação da natureza e de si mesmo. Com isso não estamos fazendo a apologia da fantasia e a negação da razão, mas procurando a relação entre ambas, para combater quer a atitude maníaca de dotar de prazer aquilo que é imposto, quer a atitude sadomasoquista de um dever moral de aprender para manter uma cultura divorciada do indivíduo e, portanto, sem sentido.

O uso do computador na educação e a própria educação formalizada encontram aqui o seu limite se só podem pedir ao aluno uma série de repetições esvaziadas de sentido. Repetições ora de algoritmos para resolução de problemas, ora de conteúdos que precisam ser memorizados, evocando, respectivamente, o sentido sem sentidos da lógica-matemática e a informação carente de sentido.

A educação tem como objetivo fazer a criança, aos poucos, adentrar ao mundo adulto, e esse processo pode se dar trabalhando-se a fantasia com conteúdos da realidade, ou seja, separando a criança do objeto no qual se projeta, para uni-la ao homem genérico que o construiu. Os jogos de simulação fazem o contrário, infantilizam o conteúdo aproximando-o da fantasia.

Além dos jogos de simulação existem softwares que simulam conteúdos. Como alega Chaves (*In*: CHAVES e SETZER, 1987) existem casos em que é perigoso ou difícil realizar alguma experiência na sala de aula. Então, através de simulações feitas por programas, é possível não só demonstrar o fenômeno, como treinar o aluno a reagir adequadamente a ele. Mas Chaves indica os limites desses programas. Alega que a simulação guarda relação com a realidade, mas não é a própria, ou seja, não podemos reduzir uma à outra. Em outras palavras, a generalização do que é aprendido pela simulação deve ser delimitada frente à influência de outras variáveis que existem fora do laboratório.

Assim, a transmissão de conteúdos formalizados é a transmissão de uma abstração da realidade, sem conseguir, através do software, regressar a ela; quando tenta dar um sentido é através de uma criação imaginária que anula o conteúdo da realidade.

O COMPUTADOR NO ENSINO E O AJUSTAMENTO... 171

A discussão relativa ao controle do programa sobre o aluno, conforme vimos, ocorre dentro da própria C.A.I., na qual alguns autores propõem alternativas que são limitadas; e são limitadas, segundo alguns defensores da proposta LOGO, tais como Bossuet, Goodyear e Almeida, devido às suas linguagens de programação. Se a maior liberdade de atuação dentro da C.A.I. é obtida pela possibilidade de programar o computador, linguagens como a BASIC, segundo os proponentes da LOGO, são rígidas.

Para superar esse limite, Papert e Minsky criaram a linguagem LOGO, que é menos adultocêntrica que a BASIC, segundo Bossuet.

A linguagem LOGO, de acordo com Goodyear, é uma linguagem de programação de grande escala, quase infinitamente flexível e particularmente útil para o tipo de raciocínio aparentado com o desenho, a geometria, e as matemáticas de movimento. Mas, a LOGO é mais do que uma linguagem de programação. Como vimos, refere-se a uma teoria de aprendizagem, a uma linguagem de comunicação e a um conjunto de unidades materiais. Assim, a LOGO é uma linguagem para a educação com base em teorias de aprendizagem.

O primeiro uso da LOGO em escola ocorreu com crianças do sétimo ano da Muzzy Junior School, em Lexington, Massachusetts, em 1968. Na Inglaterra, a introdução dessa linguagem se deu em 1976 no laboratório de Inteligência Artificial de Edimburgh, e na França, nesse mesmo ano.

A linguagem LOGO é conhecida sobretudo pela sua parte gráfica, que é empregada com crianças. A programação do "movimento" de um sinal que aparece na tela, conhecida como "tartaruga", é dada por essa linguagem através de instruções chamadas "primitivas", tais como: PARA FRENTE, PARA TRÁS, PARA ESQUERDA E PARA A DIREITA, e procedimentos que consistem de primitivas associadas a variáveis como comprimento, por exemplo. Através dessas palavras primitivas e dos procedimentos, a criança propõe-se a desenhar diversas figuras e pressupõe-se que através desse método aprenda as noções de tamanho, ângulo, reta, círculo etc.

O procedimento é utilizado quando se quer reter um programa feito. Quando esse procedimento é utilizado em outro projeto, ele passa a se chamar subprocedimento, ou seja, na LOGO, há também a presença da fragmentação do objeto que se quer representar. A respeito da divisão de uma tarefa em partes, Goodyear alega:

172   O COMPUTADOR NO ENSINO

Muitas das atividades de resolução de problemas característicos das sessões LOGO estão intimamente ligados à divisão dos problemas em partes. A estrutura de procedimento/subprocedimento da LOGO está projetada para encorajar esta decomposição de problemas complexos em partes convenientes e gerenciáveis (p. 46).

Se, nos softwares da C.A.I., o conteúdo é dividido em pequenas partes, na LOGO é o procedimento que é parcelado. Mas como o pensamento é o próprio conteúdo da LOGO, como enfatiza Fagundes, ele é fragmentado nos dois tipos de estratégias de uso do computador no ensino, e o é devido, de um lado, à lógica interna dessa máquina e, de outro lado, à concepção de conhecimento da teoria tradicional.

Mas pensemos: O que a criança aprende com a LOGO, além da própria linguagem? Segundo Fagundes: *"Até o momento não há evidências que confirmem a hipótese de transferência de habilidades cognitivas usadas no computador para outro domínio. Mas, também não há contra-evidências"* (p. 81).

Sobre isso, La Taille, mais enfático, diz ser a aprendizagem da LOGO uma finalidade em si, e com isso não cumpre a generalização de seu aprendizado para outras esferas do saber: *"Em suma, a LOGO apresenta, no geral, as mesmas características de uma matéria qualquer, e não parece, portanto, ocupar um lugar destacado onde a inteligência da criança desabrocharia de forma espetacular"* (p. 661).

Ou seja, ainda não podemos nos certificar da validade do uso do computador para fins didáticos.

Ainda para precisar o que a LOGO "desenvolve" nas crianças, vejamos uma das conclusões de um estudo realizado em uma escola de Edimburgh, citado por Goodyear:

> *Os estudantes que continuaram com LOGO declararam que sentiram que o trabalho de programação realmente os ajudava em dificuldades matemáticas específicas. Entretanto, estavam incertos sobre a capacidade de transferência destas experiências de tópicos específicos e admitiram estar ansiosos sobre até que ponto outros assuntos, em seu cronograma já lotado, poderiam ter sofrido* (p. 163).

O COMPUTADOR NO ENSINO E O AJUSTAMENTO... 173

Confirma-se a ênfase da LOGO no raciocínio matemático e o predomínio que esse pode ter sobre as demais matérias do currículo escolar.

Mas um dos aspectos mais interessantes da proposta de Papert e, de algum modo, sustentado por seus seguidores, é a antecipação do estágio do pensamento das operações lógico-formais. Esse desejo alquímico de acelerar o processo de desenvolvimento faz mais do que desconhecer o desenvolvimento histórico de um pensamento considerado absoluto como instrumento do saber, ele desconhece a própria realidade que dá subsídios para o pensamento se supor absoluto, ou seja, mais do que desconsiderar a razão objetiva, desconhece o próprio desenvolvimento da razão teórica. E é interessante também notar que aquilo que a LOGO propõe – o desenvolvimento acelerado de procedimentos lógico-matemáticos que se generalizariam aos conteúdos cotidianos – mostra-se como fonte de receio na análise que Gorz (1982) fez do "Relatório sobre a Informatização da Sociedade", produzido por Nora e Minc a pedido do Presidente da República da França, no que se refere à educação:

...para conversar com os computadores, para consultá-los, mas também para alimentá-los de informações, há de se impor um novo tipo de linguagem, a linguagem-máquina, que condicionará o modo de pensar e de se comunicar com os outros. Codificadora e sumária, essa linguagem favorecerá uma cultura classificatória e fragmentária (p. 183).

Passado mais de uma década do livro de Gorz, a civilização continua com a sua tendência classificatória e fragmentária, que é anterior à introdução do computador no ensino; se o computador conseguiu aperfeiçoar essa tendência no ensino é o que tentaremos ver a seguir, através de resultados de estudos, mas, independentemente dessa análise, Gorz aponta para a verdade da potencialidade tecnicista do uso do computador no ensino, que esse instrumento tem no seu íntimo: a capacidade de logicização.

Na literatura consultada, a discussão sobre a verificação da eficiência dos softwares educacionais é controvertida. Papert diz que é difícil criar avaliações para o processo de aprendizagem em LOGO, pois trata-se de inovação: "*Se o sucesso não fosse drasticamente auto-evidente, então a inovação deveria ser rejeitada*" (p. 153).

174 O COMPUTADOR NO ENSINO

La Taille aponta para a distância entre os resultados em pesquisas de laboratório e a sala de aula:

> ...*temos a certeza de que, mesmo sendo confirmada em laboratório a hipótese segundo a qual tal ou tal software é um recurso eficaz, nada garante que essa eficácia permaneça se o software em questão for empregado a título de metodologia de ensino num colégio. Dito de outra maneira, é preciso apreender qualquer recurso didático dentro do sistema de relações no qual ele é colocado* (p. 17).

Curiosamente, a resistência de se verificar a eficiência dos softwares com o procedimento experimental e estatístico se deu também em Skinner, que, segundo Kvale, privilegiava o estudo de caso.

Ao analisar as aplicações dos princípios de Skinner à educação, assim como os de outras teorias instrucionais, Kvale mostra que essas são determinadas pela linha de montagem existente na indústria, ou seja, não é a ciência, quer teórica quer empírica, que afeta o cotidiano escolar, mas o desenvolvimento da indústria. Assim, a validade dos softwares educacionais deve ser verificada à luz da teoria da Economia da Educação, que indica a otimização dos recursos da aprendizagem e a sua aproximação do mercado, e à luz do lema "fim da ideologia" que elege a realidade atual como paradigma. O desenvolvimento de habilidades cognitivas e manuais que adaptam o indivíduo à sociedade tecnológica é aquilo que é requerido.

Mas se é a indústria que dá o paradigma para a educação, cabe lembrar que Marcuse e Habermas apontam para a ciência e para a técnica como as principais forças produtivas deste século, e que, transformando as questões práticas em questões técnicas e, assim, evitando a formação política das massas, transformam-se na ideologia da racionalidade tecnológica. Assim, tanto a forma de ser da indústria quanto a sua forma de pensar, ligadas à lógica do capital, passam a ser os paradigmas da educação atual.

Como vimos anteriormente, tanto as propostas C.A.I. quanto as propostas LOGO são meios de ensino de massa e, então, pode parecer paradoxal que proponham um ensino individualizado. Mas a máscara cai por terra quando se verifica que os objetivos visados por essas técnicas são iguais aos do ensino tradicional e visam à unidimensio-

O COMPUTADOR NO ENSINO E O AJUSTAMENTO... 175

nalização do pensamento, que, por si só, impede a emergência do indivíduo, pois não há negação da cultura e nem o resgate da razão crítica.

Se os usos propostos do computador não se diferenciam do ensino que pretendem modificar, a sua validade não precisa ser testada, pois se forem igualmente eficientes o caráter técnico do ensino anterior à introdução do computador se revela e o homem pode ser substituído pela máquina. Caso mostrem-se superiores, é porque o ensino ainda não foi o suficientemente tecnificado, o que justificaria mais ainda o ingresso do computador no ensino.

Se a racionalidade da indústria se perfaz pela substituição do trabalhador pela máquina, tendo aquele que ser ou eliminado ou adaptado a ela, e se a escola segue o paradigma da indústria, então é esperado que seja proposto o computador no ensino para substituir e eliminar as falhas humanas. A título de ilustração, citemos a proposta de La Taille para solucionar o problema brasileiro da repetência escolar:

> É interessante lembrar aqui se o Governo aumentasse a renda de cada brasileiro, se aumentasse o número de professores para que cada um tivesse menos alunos por classe, se aumentasse a remuneração dos professores e, sobretudo, investisse mais dinheiro na sua formação, a repetência certamente diminuiria. No entanto, o emprego do computador parece mais 'viável'; mas para isto, evidentemente, é preciso provar sua eficiência..." (p. 459)

Salientemos, no trecho citado, apenas a identidade que o autor estabelece entre o professor bem-remunerado, bem-formado, com poucos alunos em classe, com o computador. Os problemas sociais da educação podem ser eliminados por uma solução técnica!

Mas apesar de a eficiência e, principalmente, de a eficácia do computador no ensino ser um *a priori*, outros autores propõem a sua verificação. Há na literatura relatos de pesquisa e estudos sobre o computador no ensino, alguns de caráter qualitativo, outros de caráter quantitativo.

Vinsonhaler e Boss (1972) mostram que no uso da C.A.I. para treino e prática nas áreas de Matemática e Linguagem têm sido encontrados resultados favoráveis à C.A.I.. Os autores referem-se a 10

176 O COMPUTADOR NO ENSINO

estudos, três com línguas e sete com matemática, que têm procedimentos comuns: 1) Comparam C.A.I. "treino e prática" com a instrução tradicional; 2) Aplicam testes estandartizados; e 3) Utilizam grupos controle (instrução tradicional) e grupos experimental (C.A.I. e instrução tradicional). Na maioria desses estudos, segundo os autores, as diferenças entre os dois grupos são estatisticamente significantes. Super e Jerman relatam (1969) uma pesquisa que se utiliza de programas tutoriais, realizada em 1967, com 30 alunos universitários no curso de russo elementar. Uma classe de alunos serviu de grupo controle e recebeu instrução em classe e aulas em laboratório, e outra classe de alunos serviu de grupo experimental, não recebendo instrução em classe, mas recebendo-a diretamente dos programas de computador. Os resultados mostraram, de acordo com os autores, que o grupo experimental teve uma performance significantemente melhor que o grupo controle. Relatam, também, esses autores, estudos com programas de treino e prática na área de matemática, envolvendo conceitos como adição e fração. Esses programas traziam suplementação dos conceitos introduzidos em aula. Os estudantes que se utilizaram desses programas mostraram ganhos estatisticamente significantes quando comparados àqueles que não o usaram.

Contudo, apesar de os estudos citados apontarem para a eficiência dos softwares educacionais, Silberman e Filep alegam: "...*o que é mais comumente encontrado nos estudos que comparam instrução tradicional com C.A.I. ou instrução programada é que nenhuma diferença significante foi obtida entre tratamentos*" (In: VINSONHALER e BOSS, 1972, p. 29).

Mas, se nas propostas C.A.I. não há conclusões definitivas sobre a sua eficiência, no que se refere aos jogos de simulação, Reiser e Gerlach (1977) mostraram dados interessantes. Compilando dados de pesquisas sobre esse tipo de software, os autores concluem:

> *Muitos estudos têm sido realizados para examinar os efeitos de jogos de simulação na aquisição de conhecimentos por estudantes. Os estudos envolvem freqüentemente uma comparação dos efeitos de jogos de simulação e instrução tradicional. Os resultados da maioria destes estudos indicaram que os alunos adquiriram aproximadamente a mesma quantidade de conhecimento em jogo de simulação que eles adquiririam com instrução tradicional* (p. 15).

O COMPUTADOR NO ENSINO E O AJUSTAMENTO... 177

No que se refere aos estudos com a LOGO, Goodyear cita e descreve uma série de estudos nos Estados Unidos e na Inglaterra, alguns dos quais com avaliações do aprendizado através de pré e póstestes. Em geral, nas comparações, não foram constatados ganhos significantes com o uso do computador; quando existem, o número de sujeitos é pequeno para que se possa generalizar o resultado. Assim, até o momento, não há dados conclusivos sobre a eficiência dos softwares, quer os da C.A.I. quer os da LOGO, mas isso não nos parece ser relevante, pois, como discorremos anteriormente, a sua validade já é atestada em outras esferas sociais que não a da educação, e como a racionalização não percebe diferenças nas áreas em que se instala, estende a sua eficácia para elas.

A partir dos aspectos técnicos que analisamos, referentes aos usos do computador no ensino, só podemos inferir os seus efeitos didáticos sobre os alunos.

Pelas características do computador, dadas pelo seu limite de interação e forma de processamento de dados, os softwares aplicados à educação ou apresentam conteúdos formalizados ou, então, procedimentos para desenvolver a formalização de conceitos. Os citados usos do computador no ensino postulam a realidade existente como material a ser classificado, e o seu aprendizado, como mera instrumentalização. As condições de transmissão de informações por parte da máquina e por parte do aluno são feitas de tal maneira que aquelas sejam organizadas de forma lógica (formal) e operacional. As contingências de respostas dispostas nos programas de exercícios e/ou de memorização se resumem a reforçar, punir, ou não emitir reforço. Essas características são apresentadas nos textos analisados como vantagens do uso do computador no ensino.

No segundo capítulo deste trabalho, citamos a análise que Marcuse fez da tendência da operacionalização de conceitos e como essa tendência empobrece o pensamento tornando-o unidimensional. Da mesma forma, salientamos naquela parte do trabalho que o "tipo" de personalidade mais freqüente em nossos dias – a personalidade narcisista – necessita de modelos externos para guiar o seu comportamento. Esses modelos estão presentes nas propostas do computador no ensino:

> ...as máquinas de auto-ensino e de autodiagnóstico
> servirão, nas sociedades capitalistas, para formar
> a 'sociedade da autovigilância': uma sociedade em

que cada indivíduo será dotado dos meios necessários para verificar sua conformidade à norma e para destruir em si mesmo tudo o que dela se afasta (Gorz, 1982, p. 184).

Como no nível técnico-didático os produtos a serem oferecidos são claros, pelo menos ao nível da proposta, mas não necessariamente ao nível da aplicação, eles primam pela sua eficiência, embora duvidosa, quer na melhor forma de se aprender, fixar, memorizar um conteúdo, quer na melhor forma de se propor o desenvolvimento do raciocínio lógico-formal.

Retomemos, agora, os resultados obtidos na discussão dos quatro níveis de análise.

No primeiro nível analisado – o Político-Pedagógico –, vimos que as propostas do uso do computador no ensino são delimitadas pela concepção de tecnologia educacional que as contém, denominada de "técnico-científica", que enfatiza o aperfeiçoamento do ensino, tal como esse se apresenta atualmente e pela concepção histórico-social que propõe o uso do computador no ensino, englobando-o numa totalidade que vise à mudança social.

A concepção histórico-social, de um lado, faz críticas ao tecnicismo sugerindo a historicização do conteúdo transmitido, mas, por outro lado, não traz sugestões de como a sua proposta pode ser viabilizada através do uso do computador.

Pela análise que fizemos, no nível técnico-didático verificamos alguns limites do próprio computador, que nos levam a considerar pouco provável a historicização de conceitos através do computador, pois este se presta a formalizar dados dicotômicos, e a história só pode ser formalizada abstraindo-se boa parte de seu conteúdo e sentido.

No segundo nível de análise – o teórico-ideológico –, notamos que as teorias subjacentes às duas principais propostas – a C.A.I. e a LOGO – se relacionam diretamente com a ideologia da racionalidade tecnológica, pois propõem a transmissão de conhecimentos e/ou modelos de pensamento formalizáveis.

No terceiro nível de análise – o Pedagógico –, vimos que as propostas do computador no ensino, pela relação que apresentam entre criança-máquina-professor, privilegiam o conteúdo apresentado pelo computador. Ou seja, são centradas nesse instrumento que, por transmitir conteúdos impessoais, se caracteriza como "meio de ensino de massa".

O COMPUTADOR NO ENSINO E O AJUSTAMENTO... 179

No quarto nível de análise – o técnico-didático –, analisamos alguns limites impostos pela estrutura do computador, que reduzem sua possibilidade de interação com o usuário e que permitem somente transmitir conteúdos formalizados.

Assim, podemos concluir que a perspectiva da maior parte daqueles que propõem o computador no ensino é a técnico-científica; as teorias subjacentes às propostas relacionam-se com a ideologia da racionalidade tecnológica; o uso do computador no ensino pode ser considerado como um meio de comunicação de massa, e as características do computador limitam tanto a sua "interação" com os alunos, quanto o significado daquilo que é transmitido.

As propostas de uso do computador no ensino representam, dessa forma, o processo de racionalização na escola, caracterizando-se pela anulação da subjetividade, pela ênfase em um pensamento e em uma transmissão de conhecimentos isentos de ambigüidade, mas também de reflexão, e na defesa da utilidade desses para a adaptação ao mundo do trabalho. A fragmentação do conteúdo e do pensamento, presentes naquelas propostas, segue o ritmo da especialização da produção. A operacionalização de conteúdos e a logicização do pensamento devem auxiliar o aluno a um entendimento do mundo sem entraves, sem contradições, mas, também, sem o conflito entre o desejo e a razão, e, assim, sem a possibilidade da razão vencer o mito.

Considerações Finais

Ao longo deste trabalho apontamos para a tendência existente da tecnificação do cotidiano em diversas esferas, através do processo de racionalização social. Em cada capítulo, as implicações deste processo foram analisadas em uma esfera diferente. Das concepções filosóficas às propostas de uso do computador no ensino, passando pelo mito do progresso infinito e pela educação, essa tecnificação se realiza às custas da consciência social e individual. Com a cultura e o indivíduo sendo administrados racionalmente, a cisão entre ambos aumenta, pois o processo que os relaciona ganha autonomia. Devido à insegurança gerada pela irracionalidade das relações sociais, a técnica se converte em fetiche, que imaginariamente tenta minimizar aquela insegurança.

Se as tendências predominantes em cada época sempre mediaram as diversas esferas sociais, em nossa época a tendência de racionalização presente na tecnologia elimina, na aparência, essa mediação, convertendo todas as relações, também na aparência, em imediatas e indiferenciadas. A correção dos sentidos não é mais feita pela razão, mas pelos seus produtos: os conceitos fixados sobre a realidade. Cada detalhe do todo não se reflete mais na contraposição entre a sua determinação e a sua pretensa autonomia, mas como a sua reprodução total e totalizante. Assim, um detalhe, como podem ser consideradas as propostas de uso do computador no ensino, não se confronta com o todo, mas exprime-o diretamente.

Para refletir sobre esta tendência social que converte aparentemente o mediato em imediato, o diferenciado em indiferenciado, foi necessário caracterizá-la em uma sociedade que tem a racionalidade tecnológica como ideologia e mostrar a sua presença na filosofia e na educação, indicando como ambas perdem a sua relativa autonomia no processo histórico.

A sociedade atual foi caracterizada, neste trabalho, pela produção material abundante nos países desenvolvidos, cujo capitalismo é denominado de monopolista e cuja ideologia é a da racionalidade tecnológica. E é nesses países que surge o computador e que inicialmente é proposto para a educação. Nesta época, convivem países de capitalismo monopolista, países socialistas (bastante descaracterizados após a "queda do muro de Berlim"), países capitalistas subdesenvolvidos e países capitalistas, em parte desenvolvidos e em parte subdesenvolvidos, que é o caso do Brasil, onde a produção não é tão abundante e há a presença da ideologia liberal concomitante à ideologia da racionalidade tecnológica.

A ideologia da racionalidade tecnológica, como vimos, se exprime pela ênfase na produtividade e no produto, na invasão da esfera da interação humana pela esfera da produção material, pela identificação entre coisa e função, pela operacionalização de conceitos no pensamento unidimensional. Nela, o virtual é negado e só o atual é afirmado, forçando a resignação à realidade tal como se apresenta no momento, diminuindo, assim, o surgimento de propostas e ações que venham a alterá-la.

Como outras instituições sociais, a escola passou a incorporar o modo de funcionamento dos setores de produção material e passou, também, a privilegiar o produto tanto ao nível de aquisição de conteúdos operacionalizados, quanto ao nível de estruturas de pensamento.

Com a presença da ideologia da racionalidade tecnológica, no plano político, as questões ganham um cunho técnico voltado à administração da produção e de seus produtos. O Estado assume a forma técnica e a população, em geral, é excluída das decisões que aparentam requerer competência técnica.

No plano da consciência, a subjetividade segue regras de comportamento externas, baseadas em padrões científicos de comportamento e o pensamento volta-se à operacionalização de conceitos, passando a afirmar somente a realidade percebida, identificando-se com essa. Com isso, a possibilidade de se conceber outras alternativas de realidade fica prejudicada.

Os padrões que norteiam a esfera da produção material, que têm origem nas manufaturas inglesas do século passado, mas que ganham impulso neste século, através das linhas de montagem, que geram a produção em série, caracterizam-se pela ampliação da divisão entre planejamento e execução do trabalho. O planejamento é feito pela administração científica e a execução, pelos trabalhadores braçais. O planejamento voltado para o desempenho no trabalho procura

CONSIDERAÇÕES FINAIS 183

aproveitar a força humana da melhor forma possível, retirando a capacidade de decisão do trabalhador, que tem como função a repetição exaustiva do mesmo movimento, ainda que nas atuais propostas de administração participativa os trabalhadores julguem interferir no processo de produção. Isso seria verdadeiro, se ele pudesse decidir também o que produzir, como distribuir o produto, não segundo o mercado, mas de acordo com as necessidades da população e, além disso, participasse verdadeiramente da divisão da riqueza produzida. A objetivação do trabalho humano permite a construção de máquinas que possam substituí-lo: surge a automação industrial. Com o surgimento da automação, o trabalho árduo pode ser substituído, mas aparecem novas questões: o que fazer com o trabalhador substituído pela máquina? Dar-lhe novos trabalhos? Criar um seguro-desemprego permanente?

Para Marcuse (1980), a resposta se deu através da criação de novos trabalhos sem ocupação, para que o trabalhador continue "ocupado" e não possa ter tempo livre para viver a vida como um fim em si mesmo.

De qualquer forma, a ciência e a tecnologia tornam-se a grande força produtiva deste século, ao mesmo tempo que se tornam ideológicas, apresentando a realidade com a qual lidam como a única existente.

E a escola? Com a crescente industrialização ocorrida neste século, a necessidade de mão-de- obra especializada aumentou e a escola, ao lado das empresas, passou a cumprir também essa função. No Brasil, segundo Freitag (1980), essa função é dada à escola, particularmente, na década de 60, com a internacionalização de nossa economia. Com essa nova atribuição, a escola se inseriu num sistema de ensino que dá as metas a ser por ela alcançada. Mas, mais do que isso, tendo de formar um profissional tecnicamente competente para o mercado de trabalho, a formação sofre a influência da Pedagogia Tecnicista, uma pedagogia voltada para a racionalização dos meios (técnicos) para melhor cumprir os seus objetivos.

A Pedagogia Tecnicista, calcada na neutralidade dos meios, traz o taylorismo para dentro da escola. Sua ênfase é na transmissão de informações objetivas, sem ambigüidades. Mas, para que as informações sejam objetivas é necessário que sejam definidas operacionalmente, e isso se faz através do uso de uma linguagem que possa ser abstraída do contexto. Essa linguagem é a da lógica formal. Com a logicização dos conteúdos de diversos campos do saber, aqueles se

184 O COMPUTADOR NO ENSINO

expressam através de fórmulas matemáticas e os fatos tornam-se símbolos intercambiáveis entre si. A informação logicizada ganha precisão, mas perde a sua função de evocação, ou seja, a de suscitar nas pessoas um significado específico: a subjetividade converte-se em objetividade, mas sem sujeito.

Se a escola transmite os conteúdos da ciência e da técnica, ela apresenta esses conteúdos tais como eles são pesquisados em sua origem: fragmentados. Assim, apresenta as disciplinas de Física, Química, Biologia, História, separadas umas das outras, mas com uma linguagem comum subjacente a elas. Com base na teoria tradicional, na lógica formal, na objetivação das informações, a escola se estrutura para cumprir as suas funções de forma semelhante a dos setores de produção material. O contexto escolar está preparado para o uso da tecnologia educacional.

A tecnologia educacional, por sua vez, recebendo influências da Análise Experimental do Comportamento (o behaviorismo), da Teoria da Informação e da Teoria de sistemas, traz em si as características da ideologia da racionalidade tecnológica, quais sejam, ênfase na neutralidade da técnica, independência extremada entre sujeito e objeto, identidade entre conceito e objeto.

Claro, essa análise faz mais justiça aos países desenvolvidos, que têm presente o Estado do bem-estar Social (que no momento parece estar se dissolvendo), calcado na abundância da produção. Mas e o Brasil? No Brasil, com a convivência de regiões ricas em renda e regiões pobres, a ideologia da racionalidade tecnológica aparece como uma das formas de entendimento da realidade e, no caso da tecnologia educacional, como uma das tendências voltadas à educação.

Mas, num caso e no outro, a ideologia da racionalidade tecnológica e seus derivados aparecem da mesma forma com maior ou menor impacto. Claro, pensar nas implicações da tecnologia educacional em um país onde o analfabetismo atinge parcela da população é diferente de pensá-las em países onde esse problema não seja tão expressivo. No entanto, as características e propostas dessa tecnologia são as mesmas para ambos os tipos de país.

Como dito antes neste capítulo, a automação industrial foi possibilitada pela fragmentação do trabalho humano e pela retirada da decisão do trabalhador sobre o seu produto, ou seja, através da mecanização do trabalho humano dividido em pequenas partes e da separação entre o trabalho braçal e o trabalho de planejamento. Com isso conseguiu-se construir máquinas que reproduzem os movimentos

CONSIDERAÇÕES FINAIS   185

do trabalho humano. Destacamos, também, que esse processo é importante para o avanço social, na medida em que pode diminuir ou eliminar a labuta. Mas, quando surge uma máquina capaz de reproduzir alguns tipos de operações do pensamento humano, apresentam-se algumas questões: 1) A reprodução de operação do pensamento humano por máquinas não foi possível, também, por um processo de fragmentação e objetivação desse pensamento, tal como ocorreu com a automação do trabalho braçal? 2) Assim como a automação do trabalho humano promete a libertação do homem da labuta, o computador libertará, também, o pensamento reificado do trabalho? 3) Se com o surgimento do maquinário industrial o homem teve de se adaptar ao ritmo da máquina, com o uso do computador a mesma adaptação também não será necessária? 4) A aplicação do computador no ensino não reforça a aquisição, por parte dos alunos, desse pensamento reificado e reificante?

A resposta à primeira questão é afirmativa. A Cibernética e a Inteligência Artificial só conseguem simular o pensamento em máquinas através de sua fragmentação e objetivação. Somente com o pensamento colocado em categorias binárias, o computador foi possível. Para a segunda questão, a resposta parece, também, ser afirmativa, ou seja, o pensamento mecânico ligado ao trabalho pode ser atribuído à máquina, ou seja, o controle de estoques, as curvas estatísticas de controle de qualidade, a racionalidade da divisão do trabalho das máquinas poderão, no futuro, ser feitos pelo computador.

Quanto à terceira questão, é provavelmente afirmativa a resposta, pois se há relação entre homem e máquina, é necessário uma adaptação recíproca: a máquina deve decodificar os "inputs" dados pelo homem e esse deve saber como interagir com ela. Isso não significa, no entanto, que o homem torne-se tal como a máquina, mas devemos convir que ele sofra alguns efeitos dessa relação. Quais são esses efeitos, é cedo para afirmarmos, mas pelo menos um deles podemos hipotetizar. Refere-se a pensar a realidade com as categorias dadas pelas máquinas. O computador funciona pelas categorias da lógica matemática e, através dela, consegue executar tarefas com rapidez e precisão maiores do que o ser humano, mas o risco é tentar programar a realidade da vida cotidiana com a mesma lógica com que se programa o computador. A nosso ver, essa hipótese não é pouco provável, pois essa tendência de tentar entender a realidade pelas categorias da lógica formal, ou seja, a cientificização e a tecnificação do cotidiano, é anterior ao surgimento do computador, ele é apenas um produto de uma realidade que se quer entender pela operacionalização de conceitos.

As implicações desse provável efeito são discutidas por Habermas, quando explicita a invasão da esfera da interação social pela esfera do "agir racional com respeito a fins", por Marcuse, quando aponta para a identificação entre pensamento e realidade, e por Lefebvre, quando enfatiza o tecnicismo, que se afastando do cotidiano caminha para a metafísica.

Já a resposta à quarta questão relaciona-se com a resposta da questão anterior. Na análise das propostas do uso do computador no ensino verificamos que elas tendem, no nível político-pedagógico a: 1) enfatizar o aperfeiçoamento do ensino existente; 2) ter uma percepção acrítica da escola, concebendo-a através de uma ótica funcionalista: 3) enfatizar a neutralidade da tecnologia educacional, ou seja, dos meios; 4) conceber o conhecimento e o pensamento como passíveis de formalização. Há, também, neste nível de análise, a tendência histórico-social, que tenta propor o uso do computador de forma crítica, mas que não problematiza os efeitos das características intrínsecas do computador sobre o ensino e nem propõe, especificamente, como o computador poderia historicizar o conteúdo escolar e auxiliar no desenvolvimento de um pensamento crítico.

No segundo nível de análise – o teórico-ideológico –, verificamos que nessas propostas as teorias explicitadas se relacionam com a ideologia da racionalidade tecnológica, propondo uma aprendizagem ativa onde, estranhamente, a atividade não se relaciona com o novo, mas com a recriação do já existente; nesse sentido, é uma atividade que se conforma, uma "atividade passiva".

No terceiro nível de análise, constatamos que essas propostas caracterizam o computador no ensino como um "meio de ensino de massa", que tem as mesmas características dos meios de comunicação de massa, que diminuem a possibilidade do diálogo. A ênfase na relação aluno-máquina-professor recai ora sobre a máquina, ora sobre a relação aluno-máquina, servindo o professor de mediador, ou seja, o ensino é centrado na máquina; aliás essa é uma das características da Pedagogia Tecnicista, que ressaltamos no terceiro capítulo.

No quarto nível de análise – o técnico-didático –, verificamos algumas características do computador, e nessas os seus limites na aplicação escolar. Uma de suas características é a linguagem pouco flexível, que reduz a comunicação com o usuário. Outra se refere à estrutura lógica-matemática contida na sua unidade central de

CONSIDERAÇÕES FINAIS

processamento (C.P.U), que limita o seu funcionamento a essa lógica, com exceção das "apostilas eletrônicas".

Em suma, as propostas do uso do computador no ensino, quer a do Computer Assisted Instruction(CAI), quer as da Filosofia LOGO, quer ainda as de simulação, promovem o conteúdo e o pensamento objetivado, de sentido único, reduzindo diversas possibilidades de interpretação da realidade a uma só. Assim, a análise das propostas do uso do computador no ensino, de certa forma, corroboram as análises sobre a técnica contida no segundo capítulo deste trabalho, ou seja, a presença do computador no ensino fortalece a tecnificação do cotidiano, o pensamento unidimensional e a invasão da esfera da interação humana pela esfera do agir racional com respeito a fins.

Com isso, a resposta à quarta questão, que se refere aos efeitos do computador sobre o pensamento do aluno, é, provavelmente, afirmativa, ou seja, pode reforçar a aquisição de um pensamento abstraído da realidade e não permitir ou dificultar ao aluno a percepção de outras interpretações possíveis da realidade, que não a do pensamento técnico (operacional). Essa é uma das possíveis implicações. Outra delas, relacionada com a anterior, é a de que transmitir uma visão de mundo coincidente com a realidade existente fortalece-a tanto no que se refere à forma, quanto ao conteúdo transmitido pelos softwares; a realidade é unidimensionalizada. Tanto o processo de pensar, quanto o conteúdo transmitido, nesse sentido, são ideológicos e podem colaborar para formar no aluno uma consciência tecnocrática.

Antes de finalizarmos este trabalho ressalvemos que:

1) A posição básica aqui assumida não é contrária à racionalidade tecnológica utilizada nos setores de produção, ou no cotidiano, que facilitem a vida humana, tal como a automação industrial, ou a criação de bancos eletrônicos, que, sem dúvida, contribuem para melhorar a qualidade de vida. Mas é contrária ao uso dessa racionalidade em esferas da vida nas quais essas possam ser reduzidas àquela, como é o caso da escola;

2) Mesmo na escola, o computador pode trazer contribuições benéficas, como o seu uso na administração ou com o próprio ensino de programação de computador como uma disciplina. O uso do computador na escola ao qual tecemos considerações é o que se refere à aquisição de conteúdos de outras disciplinas ou à aquisição de estruturas de pensamento por seu intermédio; e

3) Na escola, a tendência tecnicista não é a única existente. Ressal-

188 O COMPUTADOR NO ENSINO

temos que no Brasil, ao contrário de países como os E.U.A, a França e a Inglaterra, o uso do computador no ensino é ainda incipiente, dando-nos oportunidades de refletir sobre o seu uso, com base em nossas necessidades e, assim, termos opções de caráter predominantemente político para utilizá-lo ou não.

Por fim, esperamos ter dado subsídios, neste trabalho, que auxiliem na reflexão sobre o processo de racionalização que ocorre na educação contemporânea e sobre o uso da tecnologia educacional, assim como sobre as implicações da presença da racionalidade tecnológica na educação que auxilia essa a "ajustar" o pensamento a uma sociedade cujo movimento de emancipação é sistematicamente sustado.

REFERÊNCIAS BIBLIOGRÁFICAS

ACUNZO, I. M. M. Ambiente LOGO? Reflexões sobre a experiência de ensinar à criança uma linguagem de computação. *Tecnologia Educacional*, 1987, 74, 17-21.

ADORNO, T. W. Teoria de la seudocultura. In: *Filosofia y superstición*. Madri, Taurus, 1972.

_____. *Dialectica Negativa*. Madri, Taurus, 1975.

_____. A Indústria Cultural. In: Cohn, G. *Comunicação e Indústria Cultural*. São Paulo, Companhia Editora Nacional, 1978.

_____. Introdução à Controvérsia sobre o Positivismo na Sociologia Alemã. In: *Benjamin, Habermas, Horkheimer, Adorno*. São Paulo, Abril Cultural, l983.

_____. *Mínima Moralia*. São Paulo, Ática, 1992.

ADORNO, T. W. *et al*. *La Personalidad Autoritaria*. Buenos Aires, Editorial Projección, 1965.

ALMEIDA, F. J. de *Para uma Pedagogia-Política do Uso de Informática na Educação Brasileira como Instrumento Auxiliar no Processo Ensino-Aprendizagem*. Tese de Doutorado. São Paulo, Pontifícia Universidade Católica, 1984.

ÀRIES, P. A Família e a Cidade. In: FIGUEIRA, S. A. e VELHO, G. *Família, Psicologia e Sociedade*. Rio de Janeiro, Campus; 1981, 13-23.

BENJAMIN, F. A. S. *Educação e Mudança Social: Uma tentativa de Crítica*. São Paulo, Cortez, 1981.

BENJAMIN, W. A Obra de Arte na época de suas técnicas de reprodução. In: *Benjamin, Habermas, Horkheimer, Adorno*. São Paulo, Abril Cultural, 1983.

BOOCOCK, S. S. Technology and Educational struture. *Educational Technology*, 1969, 1, 19-21.

BOSSUET, G. *O Computador na Escola: Sistemas LOGO*. Porto Alegre, Artes Médicas, 1985.

BURKE, J. B. *et alii*. A Humanized Model of a Computer managed instructional system. *Educational Technology*, 1972, 12(11), 31-36.

BUSTAMANTE, S. B. V. LOGO: Uma proposta pedagógica? *Tecnologia Educacional*, 1987, 75/76, 43-46.

CANDAU, V. M. F. Tecnologia Educacional: concepções e desafios. *Cadernos de Pesquisa*, 1979, 28, p.62.

CAVIN, C. S. *et alii*. The use of computer-assisted instruction to provide optional assistance to students. *Educational Technology*. 1979, 19(6), 42-45.

CHADWIK, C. B. Estratégias cognitivas, metacognição e o uso dos microcomputadores em educação. *Tecnologia Educacional*, 1985, 66/67, 24-30.

CHAUÍ, M. *O que é Ideologia*. São Paulo, Brasiliense, 1981.

CHAVES, E. O. C. e SETZER, W. *O Uso de Computadores em Escolas: Fundamentos e Críticas*. São Paulo, Scipione, 1987.

COHN, G. *Comunicação e Indústria Cultural*. São Paulo, Companhia Editora Nacional, 1978.

COSTA, J. F. *Violência e Psicanálise*. Rio de Janeiro, Graal,1984.

CROCHÍK, J. L. *O Ajustamento do Pensamento em uma Sociedade de Alto Desenvolvimento Tecnológico: o computador no ensino*. Tese de Doutorado, Instituto de Psicologia da USP, 1990.

CUNHA, L. A. *Uma Leitura da teoria da Escola Capitalista*. Rio de Janeiro, Achiamé, 1980.

_____. *Educação e Desenvolvimento Social no Brasil*. Rio de Janeiro, F. Alves, 1980.

DIB, C. Z. *Tecnologia da Educação e sua aplicação à aprendizagem de Física*. São Paulo, Pioneira, 1974.

FAGUNDES, L. da C. *Psicogênese das Condutas Cognitivas da Criança em Interação com o Mundo do Computador*. Tese de Doutorado. São Paulo, Instituto de Psicologia da USP, 1987.

FREITAG, B. *Escola, Estado e Sociedade*. São Paulo, Moraes,1980.

_____. *Sociedade e Consciência*. São Paulo, Cortez, 1984.

_____. *Política Educacional e Indústria Cultural*. São Paulo, Cortez, 1987.

FREUD, S. *Moral Sexual Civilizada e Doença Nervosa Moderna*. Rio de Janeiro, Imago, 1976.

_____. *Psicologia de Grupos e Análise do Ego*. Rio de Janeiro, Imago, 1976.

_____. Mal-Estar na Civilização. In: *Freud*. São Paulo, Abril Cultural, 1978, 125-194.

Fundação para o Livro Escolar −*Levantamento Sobre a Utilização do Computador nas Escolas Privadas da Cidade de São Paulo*.São

REFERÊNCIAS BIBLIOGRÁFICAS

Paulo, 1985, (mimeografado).

GIROUX, H. *Teoria Crítica e Resistência em Educação.* Petrópolis, Vozes, 1986.

GOLDBERG, M. A. A Inovação Educacional: Grandezas e Misérias da Ideologia. In: GARCIA, W. *Inovação Educacional no Brasil: Problemas e Perspectivas.* São Paulo, Cortez, 1980, 235-243.

GOODYEAR, P. *LOGO: Introdução ao Poder do Ensino através da Programação.* Rio de Janeiro, Campus, 1986.

GORZ, A. *Adeus ao Proletariado.* Rio de Janeiro, Forense, 1982.

GRAMSCI, A. *Os Intelectuais e a Organização da cultura.* Rio de Janeiro, Civilização Brasileira, 1982.

GREEN JR., B. F. *Digital Computers in Research: An Introduction for Behavioral and Social Scientists.* Nova York, McGraw-Hill Book Company, 1963.

GUÉDEZ, V. Tecnologia Educacional no contexto de um projeto histórico-pedagógico. *Tecnologia Educacional,* 1982, 49, 6-21.

HABERMAS, J. Teoria Analítica da Ciência Dialética. In: *Benjamin, Habermas, Horkheimer, Adorno.* São Paulo, Abril Cultural, 1983, 277-299.

_____. Técnica e Ciência enquanto Ideologia. In: *Benjamin, Habermas, Horkheimer, Adorno.* São Paulo, Abril Cultural, 1983, 313-343..

HARNACK, R. Ten years later: research and development on computer based resource units. *Educational Technology,* 1976, 16(11), 7-12.

HORKHEIMER, M. Teoria Tradicional e Teoria Crítica. In: *Benjamin, Habermas, Horkheimer, Adorno.* São Paulo, Abril Cultural,1983,117-154.

HORKHEIMER, M. e ADORNO, T. W. *Temas Básicos de Sociologia.* São Paulo, Editora Cultrix, 1978.

_____ e _____ *Dialética do Esclarecimento.* Rio de Janeiro, Jorge Zahar, 1985.

JACOBY, R. *Amnésia Social.* Rio de Janeiro, Zahar, 1977.

KVALE, S. The Psychology of learning as ideology and technology. *Mexican Journal of Behavior Analysis,* 1975, 1, 97-116.

LASCH, C. *A Cultura do Narcisismo.* Rio de Janeiro, Imago, 1983.

LA TAILLE, Y. J. J. M. R. de. *Ensaio sobre o Lugar do Computador na Educação: Relato do Projeto Ciranda/São Paulo e o tema Análise de Resposta.* Tese de Doutorado. São Paulo, Instituto de Psicologia da USP, 1988.

192 O COMPUTADOR NO ENSINO

LEFEBVRE, H. *Posição contra os tecnocratas*. São Paulo, Documentos, 1969.

_____. *Lógica Formal e Lógica Dialética*. Rio de Janeiro, Civilização Brasileira, 1983.

LEPPER, M. R. Microcomputers in education: motivational and social issues. *American Psychologist,*1985, 40(1), 1-18.

LEVACOV, M. Avaliação de Software educacional. *Tecnologia Educacional*, 1978, 75/76, 55-57.

LUMSDAINE, A. A. Educational Technology Programed Learning and Instructional Science. In:*Theories of Learning and Instruction*. Chicago, University of Chicago Press, 1964, p. 372.

MARCUSE, H. *Razão e Revolução: Hegel e o advento da Teoria Social*. Rio de Janeiro: Paz e Terra, 1988.

_____. *Eros e Civilização*. Rio de Janeiro: Zahar,1981.

_____. *Ideologia da Sociedade Industrial*. Rio de Janeiro: Zahar, 1982.

MARQUES, C. P. C. *et alii*. *Computador e ensino: uma aplicação à Língua Portuguesa*. São Paulo: Ática, 1986.

MARX, K. Manuscritos Econômicos-Filosóficos. In: *Marx*. São Paulo, Abril Cultural, 1978, p. 7-48.

_____. Para a Crítica da Economia Política. In:*Marx*. São Paulo, Abril Cultural, 1978, p. 167-257.

_____. *O Capital: Crítica da Economia Política*.Livro I, v. 1. São Paulo, Difel, 1984.

MARX, K. e ENGELS, F. *Crítica da Educação e do Ensino(Introdução e notas de Roger Dangeville)*. São Paulo, Moraes, 1978.

_____ e _____. *A Ideologia Alemã*. São Paulo, Hucitec, 1987.

MATOS, O. C. F. *Os Arcanos do Inteiramente Outro: A Escola De Frankfurt. A melancolia e a revolução*. São Paulo, Brasiliense, 1989.

MAZZI, A. P. R. Tecnologia Educacional: Pressupostos de uma Abordagem Crítica. *Tecnologia Educacional*, 1986, 71/72.

McLUHAN, M.*Os meios de comunicação como extensões do homem*. São Paulo: Cultrix, 1969.

MILLS, C. W. *A Nova Classe Média*. Rio de Janeiro, Zahar, 1979.

MOURA, M. L. S. e ACUNZO, I. M. M. Raízes da LOGO: uma análise de seus fundamentos psicológicos. *Arquivos Brasileiros de Psicologia*, 1985, 38(4), 27-33.

NÉRICI, I. G. *Educação e Tecnologia*. Rio de Janeiro, Ed. Fundo de Cultura, 1973.

REFERÊNCIAS BIBLIOGRÁFICAS 193

NORTON, P. Computer potentials and computer educators: a proactive view of computer education. *Educational Technology*, 1983, 23(10), 16-22.

OFIESH, G. Tecnologia Educacional e a Necessária Revolução na Educação. *Conferência Nacional de Tecnologia de Educação Aplicada ao Ensino Superior*. Rio de Janeiro, 1971 (texto mimeografado), p. 9-10.

OLIVEIRA, J. B. A. *Perspectivas da Tecnologia Educacional*. São Paulo, Pioneira, 1977.

_____. Tecnologia Educacional no Brasil. *Cadernos de Pesquisa*. 1980, 33, 51-53.

PAPERT, S. *LOGO: Computadores e Educação*. São Paulo, Brasiliense, 1986.

PATTO, M. H. S. *Psicologia e Ideologia: uma introdução crítica à Psicologia Escolar*. São Paulo, T.A. Queiroz, 1984.

_____. *A Produção do Fracasso Escolar: Histórias de Submissão e Rebeldia*. Tese de Livre-Docência. São Paulo, Instituto de Psicologia da USP, 1986.

PFROMM NETTO, S. Tecnologia da educação e ensino superior. *Tecnologia Educacional*, 1986, 71/72, 48-54.

RIPPER, A. V. O Computador chega à escola. Para quê? *Tecnologia Educacional*, 1983, 12(52), 40-43.

REISER, R. A. e GERLACH, V. A. Research on simulation games in education: a critical analysis. *Educational Technology*, 1977, 17(12), 13-18.

ROTHE, J. P. Critical evaluation of educational software from a social perspective: uncovering some hidden assumptions. *Educational Technology*, 1983, 23(9), 9-15.

Rouanet, S. P. *Teoria Crítica e Psicanálise*. Rio de Janeiro, Tempo Brasileiro, 1989.

_____. *A Razão Cativa: As Ilusões da Consciência: de Platão a Freud*. São Paulo, Brasiliense, 1987.

SALISBURY, A. B. An Overview of CAI. *Educational Technology*, 1971, 11(10), 48-50.

SAVIANI, D. *Escola e Democracia*. São Paulo, Cortez, 1984.

SANTOS, L. G. dos *Desregulagens*. São Paulo, Cortez, 1984.

SEVERINO, A. J. *Educação, Ideologia e Contra-ideologia* São Paulo, E.P.U., 1986.

SKINNER, B. F. *Tecnologia do Ensino*. São Paulo, E.P.U./EDUSP, 1972.

SUPER, P. e JERMAN, M. Computer assisted instruction at Stanford. *Educational Technology*. 1969, 9(1), 22-24.

194 O COMPUTADOR NO ENSINO

SUPPER, P. e MACKEN, E. The Historical path from research and development to operational use of CAI. *Educational Technology*, 1978, 18(4), 9-12.

VINSONHALER, J. F. e BASS, R. K. A summary of ten mayor studies in CAI drill and practice. *Educational Technology*, 1972, 12(7), 29-32.

XI Seminário Brasileiro de Tecnologia Educacional e o uso dos microcomputadores em educação. *Tecnologia Educacional.* 1986, 71/72, 38-39.

WEAVER, W. A Teoria Matemática da Comunicação. In: COHN, G. *Comunicação e Indústria Cultural.* São Paulo, Companhia Editora Nacional, 1978.

WEILL, S. *A Condição Operária e Outros Estudos Sobre a Opressão.* Rio de Janeiro, Paz e Terra, 1979.

WITTMAN, L. C. Tecnologia Educacional: do ensino à educação. *Tecnologia Educacional.* 1986, 15,71/72, 81-82.